LEITURA LITERÁRIA VOL.1 **autêntica**

Gregório de Matos
Poemas

Estabelecimento do texto, vocabulário, notas, estudos e comentários por
LETÍCIA MALARD

3ª edição revista

Copyright © 1998 Letícia Malard
Copyright desta edição © 1998 Autêntica Editora

Todos os direitos reservados pela Autêntica Editora Ltda. Nenhuma parte desta publicação poderá ser reproduzida, seja por meios mecânicos, eletrônicos, seja via cópia xerográfica, sem autorização prévia da Editora.

EDITORAS RESPONSÁVEIS
Rejane Dias
Cecília Martins

REVISÃO
Clarice Maia Scotti
Rosa Maria Drumond Costa
Rosemara Dias dos Santos
Lorrany Silva

CAPA
Juliana Sarti

DIAGRAMAÇÃO
Waldênia Alvarenga

Dados Internacionais de Catalogação na Publicação (CIP)
(Câmara Brasileira do Livro, SP, Brasil)

Matos, Gregório de, 1636-1695
    Poemas / Gregório de Matos ; estabelecimento do texto, vocabulário, notas, estudos e comentários por Letícia Malard. -- 3. ed. rev. -- Belo Horizonte : Autêntica, 2023. -- (Leitura literária ; 1)

    ISBN 978-85-86583-11-7

    1. Matos, Gregório de, 1636-1695 - Crítica e interpretação 2. Poesia brasileira - História e crítica I. Malard, Letícia. II. Título. III. Série.

23-152807   CDD-B869.109

Índice para catálogo sistemático:
1. Poesia : Literatura brasileira : História e crítica B869.109

Aline Graziele Benitez - Bibliotecária - CRB-1/3129

Belo Horizonte
Rua Carlos Turner, 420
Silveira . 31140-520
Belo Horizonte . MG
Tel.: (55 31) 3465 4500

São Paulo
Av. Paulista, 2.073, Conjunto Nacional,
Horsa I . Sala 309 . Bela Vista
01311-940 São Paulo . SP
Tel.: (55 11) 3034 4468

www.grupoautentica.com.br
SAC: atendimentoleitor@grupoautentica.com.br

Incrível fantasma 7
Este livro 11

A Bahia que lhe deu régua e compasso 13
Uma poesia barroca, uma poesia complicada 15
Gregório de Matos: memorialista ou ladrão? 17
Os poemas 23

1. A cada canto um grande conselheiro, 25
2. Que falta nesta cidade? 27
3. O todo sem a parte não é todo, 31
4. Pequei, Senhor, mas não porque hei pecado, 33
5. Mostrai, Senhor, a grandeza 36
6. Senhor Antão de Sousa de Meneses, 39
7. Douto, prudente, nobre, humano, afável, 41
8. Triste Bahia! oh quão dessemelhante 44
9. Toda a cidade derrota 46
10. Carregado de mim ando no mundo, 50
11. Eu sou aquele, que os passados anos 52
12. Neste mundo é mais rico, o que mais rapa: 56
13. Discreta, e formosíssima Maria,
Enquanto estamos vendo a qualquer hora 58
14. Discreta, e formosíssima Maria,
Enquanto estamos vendo claramente 61
15. Ardor em coração firme nascido! 62
16. Há cousa como ver um Paiaiá 63

17. Um calção de pindoba a meia zorra   65
18. Se Pica-flor me chamais   67
19. Sete anos a Nobreza da Bahia   68
20. Nasce o sol, e não dura mais que um dia,   71
21. Vês esse sol de luzes coroado?   72
22. Rubi, concha de perlas peregrina,   74
23. Que me quer o Brasil, que me persegue?   76
24. Adeus praia, adeus Cidade,   78
25. Corpo a corpo à campanha embravecida,   83

Exercícios   85
Obras consultadas   89

Incrível fantasma

Salvador, 1636. Nasceu Gregório de Matos e Guerra. Entre 1642 e 1650 estudou no colégio dos jesuítas da cidade. Nessa época, a Bahia era assolada por constantes ataques dos holandeses em busca do açúcar, produto de alto valor no mercado internacional. As dificuldades econômicas, a falta de alimentos, a insegurança de transportes e de comércio eram uma constante. Aos 14 anos, Gregório foi continuar os estudos em Lisboa.

Aos 16 anos ingressou na Universidade de Coimbra, onde se formou em 1661, aos 25 anos, no Curso de Direito Canônico. Essa modalidade do Direito é a que estabelece a ordem jurídica da Igreja Católica Apostólica Romana. Nesse período, o poeta toma contato com a tradição poética e com os textos dos mais significativos poetas portugueses e espanhóis. Apesar disso, foram encontrados poucos poemas, feitos em Portugal, a ele atribuídos.

No mesmo ano da formatura, casou-se com a portuguesa Michaela de Andrade, que faleceu 17 anos depois. Em 1663, foi nomeado Juiz de Fora de Alcácer do Sal. Exerceu outros cargos na magistratura, que lhe deram fama como jurista, e tornou-se clérigo tonsurado, isto é, padre iniciante. Em 1682, retornou à Bahia nomeado para Tesoureiro-Mor da Sé, deixando em Portugal uma filha ilegítima. No ano seguinte, perdeu o cargo porque se recusou a ordenar-se padre e a usar batina. A partir daí, totalmente livre, passou a ser o poeta que a História e o Mito nos legaram. Sustentava-se com a advocacia e com a herança paterna.

Antes de 1691, casou-se novamente com Maria dos Povos, de quem teve um filho. Seus poemas atacam a tudo e a todos, conforme citação de seu biógrafo Fernando da Rocha Peres: "(padres, freiras, frades, judeus, cristãos-novos [judeus convertidos ao catolicismo], usurários [quem empresta dinheiro a juros, agiotas], militares, comerciantes, juízes, nobres, mulatos, negras)" e algumas vezes enfrentam a cidade inteira.

Em 1694, viajou para Angola devido à violência dos versos escritos contra o governador Antônio Luiz da Câmara Coutinho: faz zombarias não só de caráter político como também com o comportamento homossexual daquele dirigente. Ficou seis meses em Angola, onde participou de uma rebelião de militares. Retornando ao Brasil, foi residir no Recife, proibido de fazer poesia satírica. Aí morreu, em 1695.

De Gregório de Matos não existem o registro de óbito, nem pintura de sua pessoa, nem assinatura comprovada, nem texto algum publicado em vida. Os poemas que lhe são atribuídos estão em "livros" manuscritos (chamados códices), num total aproximado de vinte e quatro. Todos são do século XVIII e foram escritos por diferentes pessoas. Vários se encontram na Biblioteca Nacional do Rio de Janeiro. Neles pode-se achar de um tudo: poemas repetidos (de um para outro códice), títulos inventados e nem sempre coincidentes entre códices, poemas com versões diferentes, poemas que mais tarde se descobriu serem comprovadamente de outros poetas, traduções, erros graves dos copistas, pontuação e emprego de maiúsculas aleatórios.

O leitor terá uma ideia de tais questões neste livro. Toda essa documentação literária — recheada de problemas, como vemos — está à espera de pesquisas. A total falta de comprovação de autoria de pelo menos um poema faz com que especialistas prefiram colocar seu nome entre aspas: o poeta "Gregório de Matos". Veja a precariedade da situação: Conta-se que, depois de sua morte, um governador da Bahia colocou no palácio, à disposição de todos, um livro em branco para uso de quem soubesse de cor algum poema(s) de Gregório. Era só ir escrevê-lo(s), sem qualquer documento, ou ditá-lo(s). Esse livro — que teria sido a matriz dos códices — nunca apareceu.

A edição "Gregório de Matos" mais completa até os anos 1980 foi feita por James Amado; composta de 7 volumes, foi publicada em 1969. Dela existe uma reedição em 1995. Amado informa ter consultado todos os códices conhecidos e, dentro do possível à época, procurou fazer um trabalho sério, recolhendo todos os poemas à disposição. Foi ele, inclusive, que nos deu a conhecer as composições eróticas gregorianas.

Em 1999 saiu a edição crítica dos sonetos de Gregório de Matos, preparada por Francisco Topa.

Este livro

A ideia inicial de escrever este livro partiu do momento em que tomei conhecimento, pela imprensa, da relação das obras literárias indicadas para o vestibular/99 da Universidade Federal de Minas Gerais. Nessa relação incluíam-se 25 poemas do acervo "Gregório de Matos", acervo pelo qual sempre tive a maior curiosidade e interesse. Os poemas escolhidos contemplavam praticamente todas as facetas dessa poesia, mas não estavam reunidos em volume. Minha intenção era apenas reuni-los numas 30 páginas e colocar, em rodapé, as possíveis significações de alguns vocábulos que eu julgasse muito difíceis para o vestibulando. Acrescentaria a isso alguns dados biográficos de Gregório de Matos e daria a tarefa por encerrada.

Entretanto, o trabalho foi crescendo naturalmente, e eu me via na necessidade, para não dizer obrigação, de acrescentar novos elementos, informações e interpretações, dados os mistérios e o fascínio desse polêmico acervo. Polêmico em todos os sentidos: em relação aos textos — desconfianças quanto à autoria, idoneidade de origem, variantes, fraudes e/ou incompetência de copistas, etc. Quanto à sua avaliação — abalizadas e conflitantes opiniões: originalidade *versus* plágio, cópia, tradução; sátira consciente *versus* simples zombaria vingativa de cidadão comum; gentis gracinhas e tiradas humorísticas *versus* despudoradas brincadeiras eróticas de boêmios do povo. A polêmica continuará, talvez para sempre, apesar do importante trabalho de Topa.

Meu trabalho se orientou pelas seguintes normas:
1. Mantivemos a pontuação e as iniciais maiúsculas do texto-base, ou seja, a edição de James Amado. Elas podem variar de edição para edição, tal como vocábulos.

2. Sempre que julgamos importante, registramos alterações de vários vocábulos entre edições.
3. Como os títulos dos poemas constantes nos códices foram inventados, segundo dizem, pelos copistas, eles não consta nessa edição. Criamos outros títulos, mais claros e em linguagem atual, com a finalidade didática de explicitar aquilo de que trata cada poema.
4. Os vocábulos de entrada dos verbetes figuram tais como se encontram no texto (e não na forma do dicionário), visando maior facilidade de percepção pelo leitor.
5. As significações e análises de vocábulos, expressões, versos, etc. que são aqui propostas não têm a pretensão de estar absolutamente corretas ou adequadas, muito menos de excluir outras. Não se pode esquecer de que estamos lidando com textos produzidos no século XVII, manuscritos por muitas mãos no século XVIII, começados a ser publicados no século XIX e editados na íntegra no século XX. Não se sabe o que nos aguarda para o século XXI. Assim sendo, sempre procuramos trabalhar com a melhor acepção dos dicionários consultados e, em função do contexto, de acordo com nossas convicções. Também registramos outras opiniões — iguais, diferentes ou divergentes — quando a elas tivemos acesso, explicitando o nome do pesquisador ou a edição.

Portanto, caberá aos leitores a tarefa de enriquecer o material comentado. Em pesquisas dessa natureza, o importante é a busca de coerência argumentativa em todos os níveis.

A Bahia que lhe deu régua e compasso

O historiador da literatura brasileira do início do século XX, José Veríssimo, apresenta-nos uma boa ideia do que era Salvador na época de Gregório de Matos, reproduzindo as descrições de cronistas viajantes da época. Como todas as primeiras cidades americanas, aí misturavam-se aldeamentos de indígenas com acampamentos militares, povoações civis, choupanas, fortalezas, casas de moradia, residências oficiais, todas "mesquinhas e feias", mas era a sede do governo geral. Das autoridades, tanto civis quanto militares, o maior número era de fidalgos, que o poeta tanto criticou.

Também era a sede do único bispado da Colônia, agregando grande número de figuras eclesiásticas importantes, que também foram objeto de pesadas chacotas do poeta. A cidade e seus arredores tinham mais de sessenta igrejas, alguns conventos e um colégio dos jesuítas com ótima biblioteca. Aí o poeta fez seus preparatórios para a continuidade de estudos em Portugal. Além de Religião e Teologia, estudavam-se o latim e sua literatura, a mitologia, história e geografia da Antiguidade. Ainda não havia estudos sobre o mundo contemporâneo.

O número de habitantes, muitos negros e mestiços, ficava entre mil e mil e quinhentos, somente na cidade propriamente dita. Excetuando as festas religiosas, os habitantes divertiam-se numa praça para touradas e em outra para cavalhadas. Havia os ricos que, segundo os cronistas viajantes do tempo, tinham muito ouro e prata, cavalos, criados e escravos. Mandavam os filhos estudar em Portugal, como foi o caso de Gregório de Matos, de família abastada. As mulheres só usavam sedas (Gregório fala do mapa da nobreza, um tipo de seda), por causa do calor.

O trabalho dos engenhos e as atividades de subsistência eram feitos pelos escravos, permitindo que a população livre se entregasse ao ócio e aos maus costumes — assuntos muito explorados na poesia de que estamos tratando. Além das festas religiosas, touradas e cavalhadas, os divertimentos eram o teatro e as comemorações nacionais da Metrópole.

Uma poesia barroca, uma poesia complicada

O Barroco, como estilo de cultura e estilo de época predominante no século XVII, surgiu como decomposição da síntese dos valores do Renascimento: a importância e as consequências das descobertas marítimas, a concepção de Copérnico de que o espaço é infinito, a percepção do tempo marcada pela angústia: a fugacidade, a dissolução e a morte. A época é caracterizada pelas antíteses, pela tensão das almas, pela luta entre o sagrado e o profano, entre o espírito e a carne.

A temática literária barroca é marcada pelas oposições violentas e exaltadas: beleza *versus* feiura (a bela coxa, mulher que manca; em GM — lindíssima mulher que caga, por mais incrível que pareça). Pelo gosto das cenas cruéis e sangrentas. Pela explicitação das tensões entre religiosidade e erotismo (o poema do beija-flor, de GM, teria sido escrito para uma freira). Pelo culto do sensorialismo, ou seja, do mundo conhecido e experimentado através dos sentidos. Pelas preocupações com a fugacidade da vida (vejam-se os sonetos "Discreta, e formosíssima Maria"). Pela recusa da expressão simples e linear, preferindo-se as fortes tensões vocabulares e construções sintáticas arrevesadas (observe que tivemos de "traduzir" vários poemas de GM). Pela inclinação ao hiperbólico, à obscuridade, à repetição e aos jogos de palavras, inclinações essas que, como veremos, predominam no acervo "Gregório de Matos".

No auge do exagero do Barroco, cujo melhor exemplo é a antologia portuguesa *Postilhão de Apolo*, na qual "postilhão" significa "mensageiro", há uma radicalização dessas características. A mulher, por exemplo, vai ser descrita como verdadeira joalheria ambulante: lábios de rubi, olhos de safira, pele de cristal, dentes de pérolas, córneas de prata, cabelos de ouro, colo de alabastro. GM também seguiu essa moda.

Gregório de Matos: memorialista ou ladrão?

A produção poética "Gregório de Matos" tem intrigado nossa crítica e historiografia literárias de todos os tempos e despertado opiniões e avaliações contraditórias. Plagiário, imitador, versátil, mero tradutor, tradutor criativo, poeta original e vanguardista, apropriador inconveniente são os qualificativos mais comuns que se dão ao poeta tanto em pequenos artigos como em alentados volumes, transformando-o num problema literário nacional. Tais qualificativos se originam de várias situações, nem sempre compreendidas por seus leitores e críticos. Gregório escreveu no século XVII, quando aqui não havia imprensa, e sua obra só começou a ser publicada em meados do século XIX. Dela não se conhecem autógrafos, isto é, manuscritos do próprio autor. Tratando-se de um artista popular e contraideológico, seus textos foram copiados e recopiados por terceiros, dificultando ainda mais o problema de autoria. Em sua época, o jogo intertextual, as concepções de Literatura fundadas na mimese sem mediações e o descrédito pela propriedade literária eram muito mais vigorosos do que nestes tempos pós-modernos. Daí o caráter inusitado desta obra, quer pelo contraste temático — variando da piedade religiosa ao erotismo sem fronteiras, permeados pela sátira político-social — quer pela pluralidade de estilos e diversificação de agenciamentos retóricos.

Essa selva de prós e contras, de justificativas pouco ou muito convincentes, de roubo deslavado ou de recriação genial de textos alheios, em minha opinião pouco esclarece a produção individual ou "coletiva" de "O Boca do Inferno", e menos ainda contribui com o avanço dos estudos de literatura comparada. Mesmo que consideremos o poeta um "tradutor" tanto em sentido amplo quanto estrito, eufemismo de "ladrão", quando não se nomeia o traduzido, ainda ficaria de fora o fato que me parece mais significativo para a pesquisa literária, no caso: o trabalho, consciente ou inconsciente, de um ou mais de um Eu com os textos do Outro, visando à construção de uma espécie de Museu da Memória Poética Brasileira da época, ou uma História da Leitura e da Práxis da Poesia no nosso século XVII.

A questão da rapinagem de textos, da qual o poeta sempre foi acusado, está a merecer estudo profundo, a começar pelas conceituações de "plágio" vigentes à época em que viveu. Ainda mais porque ele satirizou indivíduos que se apresentaram como autores de versos feitos por outrem, como no poema "A um ignorante poeta, que por suas lhe mostrou umas décimas de Antônio da Fonseca Soares", encontrado no volume III, p. 709, das *Obras completas* publicadas pela Editora Janaína, Cidade da Bahia, 1969. Esse fato provaria pelo menos outro: ou os conceitos de plágio e similares eram bem diversos dos de hoje e merecem ser estudados, ou os poemas tidos como roubados por Gregório seriam traduções, paródias, paráfrases, etc., executadas conscientemente por ele próprio ou por outras pessoas. Esses textos nos chegaram através de dezessete códices dos séculos XVII e XVIII, em 25 volumes manuscritos, como sendo de autoria exclusiva do poeta, não se sabendo como, nem o porquê.

Focalizados sob esse prisma, os inúmeros poemas de, ou atribuídos a, ou "traduzidos", ou apropriados por Gregório de Matos serão passíveis de nos dar a conhecer um retrato sem retoque do estatuto da Poesia no Brasil Colônia do seiscentos. A análise comparativa e a interpretação criteriosa das fontes, o estudo minucioso de tudo aquilo que elas fornecem dos pontos de vista literário, linguístico e social com certeza revelarão nesse polêmico *corpus* poético muito mais do que intertextos, plágios e/ou traduções. Mostrarão peças raras de um acervo cultural sob forma de poesia, onde se cruzam e se entrecruzam textos de um poeta emblemático, talvez de outros também, talvez ainda de pessoas que poetaram ou traduziram uma única vez na vida, e textos de famosos poetas espanhóis, portugueses, italianos, etc., aculturados, temática e linguisticamente, pela brasilidade dos construtores do acervo.

Vejamos um exemplo dos mais significativos: as estrofes iniciais do poema "Descrição, Entrada e Procedimento do Braço de Prata Antônio de Sousa Meneses, Governador deste Estado" foram consideradas pela crítica mera tradução de uma "*Canción*" do espanhol Francisco de Quevedo. Comparemos os textos:

QUEVEDO

> *No os espantéis, señora Notomía,*
> *Que me atreva este día,*
> *Con exprimida voz convaleciente*
> *A cantar vuestras partes a la gente:*
> *Que de hombres es, en casos importantes,*
> *El caer en flaquezas semejantes.*
>
> *Cantó la pulga Ovidio, honor romano,*
> *Y la mosca Lucano,*
> *De las ranas Homero; yo confieso*
> *Que ellos cantaron cosas de más peso:*
> *Yo escribiré con pluma más delgada*
> *Materia más sutil y delicada.*

GREGÓRIO

> Oh não te espantes não Dom Antonia,
> Que se atreva a Bahia
> Com oprimida voz, com plectro esquio,
> Cantar ao mundo teu rico feitio,
> Que é já velho em Poetas elegantes
> O cair em torpezas semelhantes.
>
> Da Pulga acho, que Ovídio tem escrito,
> Lucano do Mosquito,
> Das Rãs Homero, e destes não desprezo,
> Que escreveram matérias de mais peso
> Do que eu, que canto cousa mais delgada
> Mais chata, mais sutil, mais esmagada.
>
> (*Obras completas*, v. III, 1969)

Em Quevedo, a proposta temática consiste no atrevimento do poeta, recém-saído de uma doença, de poetar logo sobre as partes da Anatomia, chamada Notomía na língua popular, personificando-a. Evoca famosos poetas da Antiguidade dizendo que seus assuntos — insetos e batráquios, animais leves fisicamente — são mais significativos do que as partes da Anatomia.

Como aparecem esses versos em Gregório? Muito mais do que numa tradução satirizada ou numa apropriação indébita, o caráter "científico" de Quevedo, ao se propor a descrever as partes da Anatomia, se transforma em caráter "político" e "poético" em Gregório, para exprimir o elevado grau de rejeição do governante e de seu governo. A rejeição começa pelos caracteres anatômicos do governador, ao feminizar analogicamente seu nome e descrever-lhe o físico em todo o poema, separando-o em partes anatômicas num código retórico no qual predomina o campo semântico "animal". Dom Luís Antônio, além de ser retratado com desprezo do ponto de vista sexual (Dom Antonia, deslocando-se a vogal tônica para rimar com "Bahia"), é comparado a ou metaforizado em bichos: equinos, peixes, insetos. O caráter poético está na inspiração dos poetas greco-latinos, ou seja: tomar-lhes de empréstimo o tema do animal rejeitado, que se realiza em estado puro na poesia deles, e transferi-lo para um humano odiado pela população.

Observe-se ainda a modificação do individual — primeira pessoa em Quevedo — para o coletivo — a Bahia, em Gregório, bem como a antítese "voz convalescente"/"alta inspiração" remetendo à qualidade da poesia que se produz para a Anatomia e para Dom Antônio, respectivamente. O indivíduo contraposto à coletividade, e a poesia fraca, por motivo de saúde do poeta, em oposição à poesia forte, devido ao objeto a ser poetado, assinalam o estatuto político-satírico-popular do acervo "Gregório de Matos". Através dele, o povo baiano/brasileiro canta em fortes versos as fraquezas do chefe do governo enquanto pessoa anatomicamente doentia (lembre-se de que ele tem um braço de prata no lugar do verdadeiro, perdido em guerra colonialista, problemas nos olhos que lhe causam cegueira física e moral), corrupta (agencia o jogo de azar) e vaidosa ao ridículo. Em suma: uma figura grotesca e abjeta.

A comparação dessas estrofes, a análise das estrofes atribuídas a Gregório de Matos extensiva a todo o poema satírico levam-nos a concluir que esse importantíssimo acervo poético esconde muito mais do que revela a concreta situação literária do barroco brasileiro. Despertam-nos a curiosidade não só quanto ao modo de produção poética, mas também quanto ao modo de leitura, releitura e apropriação de poemas estrangeiros conhecidos pelos aficionados da poesia na Colônia. História e Memória de um fazer/consumir versos no século II de nossa sociedade, até 1694, quando o poeta foi despachado para o exílio.

Os poemas

Os poemas podem agrupar-se, segundo a temática, da seguinte forma:

1. Sociedade
Denúncia das corruptas ou grotescas relações socioeconômicas, financeiras, políticas, religiosas, familiares e entre as classes sociais na Bahia. Duas perspectivas: o eu lírico-social do poeta também sofre a situação (n. 8, 9, 11, 23 e 24), ou é mero espectador dela (n. 1, 2, 16, 17 e 19).

2. Religiosidade
Relações entre o humano e o divino: a onipresença do homem-deus na Eucaristia (n. 3); a culpa e o perdão (n. 4); a união do indigno com o digno (n. 5); e a luta com a morte (n. 25).

3. Chacota (zombaria) e Aulicismo (louvores)
Têm por objeto personalidades da administração colonial (n. 6 e 7).

4. O mundo desconsertado
Desilusão diante das coisas erradas (n. 10 e 12).

5. Carpe diem
Expressão do poeta latino Horácio: o tempo passa e tudo se deteriora; logo, a vida deve ser aproveitada. No caso, a beleza da mulher enquanto jovem (n. 13 e 14).

6. Lágrimas e erotismo
Reações do poeta ante o choro da mulher (n. 15) e o apelido de "beija-flor" que ela lhe dá (n. 18).

7. Inconstância das coisas
A eterna transformação do dia em noite (n. 20).
8. Elevação e degradação da beleza
A mulher é mais bela do que aquilo que há de mais belo na natureza (n. 21) e também mais preciosa, mas fisiologicamente igual a todos (n. 22).

1
Soneto

Composição poética em 4 estrofes: as duas primeiras de 4 versos, chamadas quartetos; as duas últimas de 3 versos, chamadas tercetos. Todos os versos do soneto têm 10 sílabas, isto é, são decassílabos.

Neste caso, o esquema das rimas, quanto à disposição, é: *abba; abba; cde; cde; entrelaçadas, enlaçadas ou intercaladas* nos quartetos, e *cruzadas* nos tercetos; quanto ao som, *consoantes*, porque há paridade completa de sons a partir da sílaba tônica; quanto ao valor, são *ricas* na 1ª estrofe, porque as palavras que rimam são de classes gramaticais diferentes (substantivo + adjetivo; verbo + substantivo); nas outras estrofes, há ricas e *pobres* (palavras da mesma classe gramatical).

O soneto assim rimado é uma das composições poéticas mais comuns na literatura brasileira anterior ao Modernismo (1922).

Caracteriza a cidade da Bahia como um espaço de incompetência administrativa, invasão de privacidade, puxa-saquismo e enriquecimento ilícito

A cada canto um grande conselheiro,
Que nos quer governar cabana, e vinha,
Não sabem governar sua cozinha,
E podem governar o mundo inteiro.

Em cada porta um frequentado olheiro,
Que a vida do vizinho, e da vizinha
Pesquisa, escuta, espreita e esquadrinha,
Para a levar à Praça, e ao Terreiro.

Muitos Mulatos desavergonhados,
Trazidos pelos pés os homens nobres,
Posta nas palmas toda a picardia.

Estupendas usuras nos mercados,
Todos, os que não furtam, muito pobres,
E eis aqui a cidade da Bahia.

♦♦♦

vinha: terreno plantado com videiras, cujos frutos são as uvas.
frequentado: frequente, incansável.
esquadrinha: examina minuciosamente.
Praça/Terreiro: denominações de lugares públicos da cidade. Neles ficavam a forca e o pelourinho (coluna de pedra ou de madeira junto à qual se expunham ou se castigavam os criminosos). Assim, o verso remete a dois sentidos: a) divulgar a vida particular dos outros; b) procurar motivos para incriminá-los.
picardia: desconsideração, desfeita.
usuras: juros, lucros exagerados.
mercados: locais em que se pratica o comércio, não necessariamente em edificações.
cidade da Bahia: Salvador, fundada em 1549 por Tomé de Sousa e denominada São Salvador da Bahia de Todos os Santos.

♦♦♦

Esse soneto está analisado em Kothe (1997, p. 342-344), e em Dimas (1981, p. 13, 15).

2
Epílogos

Composição poética em que a estrofe que vem depois de outra resume o que foi dito na estrofe imediatamente anterior. Os tercetos e os quartetos se alternam. As rimas finais dos tercetos se repetem no último verso dos quartetos, pelo processo de recolha. É uma espécie de poesia barroca que exige muita habilidade do poeta.

Aprofundamento e extensão da temática anterior, criticando o mau desempenho das instituições sociais, políticas e religiosas da Bahia

Que falta nesta cidade?	Verdade.
Que mais por sua desonra?	Honra.
Falta mais que se lhe ponha?	Vergonha.

O demo a viver se exponha,
por mais que a fama a exalta,
numa cidade, onde falta
Verdade, Honra, Vergonha.

Quem a pôs neste socrócio?	Negócio.
Quem causa tal perdição?	Ambição.
E o maior desta loucura?	Usura.

Notável desaventura
de um povo néscio, e sandeu,
que não sabe que o perdeu
Negócio, Ambição, Usura.

Quais são os seus doces objetos?	Pretos.
Tem outros bens mais maciços	Mestiços.
Quais destes lhe são mais gratos?	Mulatos.

    Dou ao demo os insensatos,
    dou ao demo a gente asnal,
    que estima por cabedal
    Pretos, Mestiços, Mulatos.

Quem faz os círios mesquinhos?   Meirinhos.
Quem faz as farinhas tardas?   Guardas.
Quem as tem nos aposentos   Sargentos.
    Os círios lá vêm aos centos,
    e a terra fica esfaimando,
    porque os vão atravessando
    Meirinhos, Guardas, Sargentos.

E que justiça a resguarda?   Bastarda.
É grátis distribuída?   Vendida.
Que tem, que a todos assusta?   Injusta.
    Valha-nos Deus, o que custa,
    o que El-Rei nos dá de graça,
    que anda a justiça na praça
    Bastarda, Vendida, Injusta.

Que vai pela clerezia?   Simonia.
E pelos membros da Igreja?   Inveja.
Cuidei, que mais se lhe punha?   Unha.
    Sazonada caramunha!
    enfim que na Santa Sé
    o que se pratica, é
    Simonia, Inveja, Unha.

E nos Frades há manqueiras?   Freiras.
Em que ocupam os serões?   Sermões.
Não se ocupam em disputas?   Putas
    Com palavras dissolutas
    me concluís na verdade,
    que as lidas todas de um Frade
    são Freiras, Sermões, e Putas.

O açúcar já se acabou   Baixou.
E o dinheiro se extinguiu?   Subiu.
Logo já convalesceu   Morreu.

À Bahia aconteceu
o que a um doente acontece,
cai na cama, o mal lhe cresce,
Baixou, Subiu, e Morreu.

A Câmara não acode?   Não pode.
Pois não tem todo o poder?   Não quer.
É que o governo a convence?   Não vence.

Quem haverá que tal pense,
que uma Câmara tão nobre
por ver-se mísera e pobre
Não pode, não quer, não vence.

❖ ❖ ❖

2ª estrofe: até o demônio se expõe (ao perigo), ao viver numa cidade onde faltam verdade, vergonha e honra, por mais famosa que seja essa cidade.
socrócio: aperto, aflição (TEIXEIRA GOMES, 1985, p. 325). Parece o melhor sentido entre os que já foram propostos.
Negócio: corrupção, bandalheira (TEIXEIRA GOMES, 1985, p. 326).
Usura: (ver poema 1).
desaventura: desventura, infelicidade.
néscio: tolo, idiota.
sandeu: louco, tolo.
doces objetos: encantadores assuntos.
maciços: sólidos.
Dou ao demo os: rogo praga contra os.
asnal: burra.
que estima por cabedal: que avalia como riqueza.
Quem faz os círios mesquinhos? Meirinhos: quem torna os sacos para transportar farinha de mandioca escassos? Agentes Policiais (a grafia correta é "sírios", mas não aparece nas edições consultadas. "Círios" não faz sentido no texto).
tardas: demoradas para ir ou vir.
aposentos: residências, quartos particulares.
esfaimando: obrigando-se a ter fome.
atravessando: comprando gêneros por atacado para revender mais caro; vendendo ou negociando clandestinamente.
Bastarda: degenerada da espécie a que pertence.
Que vai pela clerezia?: o que acontece no clero?
Simonia: venda ilegal de coisas sagradas.
Cuidei: pensei.
punha: atribuía.

Unha: roubalheira (WISNIK, 1976); prefiro interpretar como "avareza", "pão-durismo": forma reduzida de "unha-de-fome"; pão-duro.
Sazonada caramunha!: Experimentada lamentação! (SOARES AMORA, 1959, p. 55).
que na Santa Sé: porque na corte do Papa em Roma, no poder pontifício.
manqueiras: defeitos, vícios.
dissolutas: devassas.
lidas: trabalhos.
açúcar: era, à época, o principal produto da economia da Colônia.
Câmara: Câmara Municipal.

◆ ◆ ◆

Fonte provável do aspecto formal, segundo Teixeira Gomes: Lope de Vega (poeta espanhol – 1562-1635):

Aqui transcrevemos apenas as duas primeiras das oito estrofes, e as traduzimos:

> *¿Quién mata con más rigor?*
> *Amor.*
> *¿Quién causa tantos desvelos?*
> *Celos.*
> *¿Quién es el mal de mi bien?*
> *Desdén.*
>
> *¿Qué más que todos también*
> *una esperanza perdida,*
> *pues que me quitan la vida*
> *amor, celos y desdén?*

Quem mata com mais rigor?
　Amor.
Quem causa tantos desvelos?　　(Cuidados?)
　Zelos.　　　　　　　　　　　　(Ciúme)
Quem é o mal de meu bem?
　Desdém.　　　　　　　　　　　(Desprezo)

O que mais que todos também
uma esperança perdida,
pois que me tiram a vida
amor, zelos e desdém?

3
Soneto

Observe-se que as rimas são formadas de apenas duas palavras, e seriam "paupérrimas". Entretanto, a pobreza rímica acaba por transformar-se em riqueza lúdica, pois todo o poema, e não apenas as palavras finais de cada verso, está construído sobre a oposição parte/todo.

O Menino Jesus, parte da imagem de Nossa Senhora das Maravilhas, venerada na Sé da Bahia, foi destruído por infiéis, achando-se posteriormente pedaços dele.
Aqui o poeta tematiza o achado de um braço

O todo sem a parte não é todo,
A parte sem o todo não é parte,
Mas se a parte o faz todo, sendo parte,
Não se diga que é parte sendo todo.

Em todo o Sacramento está Deus todo,
E todo assiste inteiro em qualquer parte,
E feito em partes todo em toda a parte,
Em qualquer parte sempre fica o todo.

O braço de Jesus não seja parte,
Pois que feito Jesus em partes todo,
Assiste cada parte em sua parte.

Não se sabendo parte deste todo,
Um braço, que lhe acharam, sendo parte,
Nos disse as partes todas deste todo.

❖❖❖

Em todo o Sacramento está Deus todo: segundo a religião católica, Jesus Cristo, o filho de Deus, está presente de forma completa no Sacramento (aqui, a Eucaristia, cujo símbolo é a hóstia consagrada que representa seu corpo).

E todo assiste inteiro em qualquer parte: o corpo de Cristo está presente em qualquer parte da hóstia. Portanto, nada altera se ela for recebida inteira ou dividida em pedaços na comunhão.

disse: revelou.

4
Soneto

Quanto mais pecados cometeu o pecador, maior será o empenho e o prazer de Cristo em perdoá-lo

Pequei, Senhor, mas não porque hei pecado,
Da vossa piedade me despido,
Porque quanto mais tenho delinquido,
Vos tenho a perdoar mais empenhado.

Se basta a vos irar tanto pecado,
A abrandar-vos sobeja um só gemido,
Que a mesma culpa, que vos há ofendido,
Vos tem para o perdão lisonjeado.

Se uma ovelha perdida, e já cobrada
Glória tal, e prazer tão repentino
Vos deu, como afirmais na Sacra História:

Eu sou, Senhor, a ovelha desgarrada
Cobrai-a, e não queirais, Pastor divino,
Perder na vossa ovelha a vossa glória.

❖❖❖

Senhor: Jesus Cristo.
hei pecado: pretérito perfeito composto do verbo pecar. O poeta faz um jogo com o verbo "haver" no sentido de "ter", "possuir", tomando o particípio de "pecar" como o substantivo "pecado", resultando em duplo sentido: "pequei" e "tenho pecado(s)".
despido: despeço: presente arcaico do verbo despedir, no sentido de "dispensar".
Porque quanto: em Varnhagen (1946, p. 153), "Antes quanto".
delinquido: cometido delito, pecado.
Vos tenho a perdoar mais empenhado: Vos considero mais obrigado a perdoar.

sobeja: basta, é necessário.
Que a mesma: Porque a mesma.
Vos tem para o perdão lisonjeado: Vos tem agradado para (receber) o perdão.
cobrada: recuperada
Sacra História: Sagradas Escrituras, Novo Testamento. Referência à parábola bíblica do Bom Pastor, que, ao encontrar uma ovelha desgarrada do rebanho, recuperou-a, para felicidade de ambos. A parábola remete ao pecador arrependido.

❖❖❖

Esse soneto encontra-se analisado em Kothe (1997, p. 326-333) e em Dimas (1981, p. 75).

❖❖❖

Fonte: atribuída a Sá de Miranda (poeta português – 1481-1558?)

Júlio (1933, p. 133) informa sobre um manuscrito divulgado em 1913, com um poema anônimo, atribuído a Sá de Miranda. Afirma o pesquisador que GM começou sua tradução ao pé da letra, para em seguida manter a mesma ideia, porém com outras palavras para despistar a cópia. Transcrevemos o soneto e o traduzimos:

> *Pequé, Señor, mas no por que he pecado*
> *de tu amor y clemencia me despido;*
> *temo, según mis culpas, ser perdido,*
> *y espero en tu bondad ser perdonado.*
>
> *Recélome, según me has esperado,*
> *ser por mi ingratitud aborrecido,*
> *e así mi pecado más crescido*
> *es ser tan dino tu de ser amado.*
>
> *Si no fuera por ti, ¿de mí que fuera?*
> *y a mi de mi, sin ti, ¿quién me librara,*
> *¿si tu gracia la mano no me diera?*
>
> *Mas, ay, a no ser yo, ¿quién no te amara?*
> *y si no fueras tu, ¿quién me sufriera,*
> *y a ti sin ti, mi Dios, ¿quién me llebara?*

Pequei, Senhor, mas não porque hei pecado
de teu amor e clemência me despido;
temo, segundo minhas culpas, ser perdido,
e espero em tua bondade ser perdoado.

Receio-me, segundo me hás esperado,
ser por minha ingratidão aborrecido,
e assim meu pecado mais crescido
é ser tão digno tu de ser amado.

Se não fosse por ti, de mim o que seria?
e a mim de mim, sem ti, quem me livraria?
se tua graça a mão não me desse?

Mas, ai, a não ser eu, quem não te amaria?
e se não fosses tu, quem me sofreria?
e a ti sem ti, meu Deus, quem me levaria?

5
Glosa

Composição poética, geralmente formada de uma estrofe de 4 versos (quadra) chamada *Mote*, e quatro estrofes de 10 versos cada (décimas) chamadas *Glosa*. A pronúncia de "indigno" e "digno" é "indino" e "dino", para rimar com "divino" e "fino". Pronúncias desse tipo são muito comuns quando há necessidade rímica.

Desdobramento do raciocínio do poema anterior: a união do homem com Deus, transformando o ser inferior no ser superior, engrandece a ambos

MOTE
Uni meu sujeito indigno
a esse objeto soberano,
fareis do divino humano,
fareis do humano divino.

GLOSA
Mostrai, Senhor, a grandeza
de tão imenso poder,
unindo este baixo ser
a tão suprema beleza:
uni, Senhor, com firmeza
a este barro nada fino
o vosso ser tão divino,
ligai-vos comigo amante,
convosco em laço constante
Uni meu sujeito indigno.

Fazei, Senhor, com que fique
desta união tal memória,
que tão peregrina história
a vosso amor se dedique:
justo será, que publique
em seu pergaminho lhano
vossa glória o peito humano,
e que o mundo suspendido
veja um pecador unido
A esse objeto soberano.

Como da vossa grandeza
não há mais onde subir,
será realce o vestir
as túnicas da vileza:
muito o vosso amor se preza
de abater o soberano;
serei eu o Publicano
indigno do vosso amor:
vinde a meu peito, Senhor,
Fareis do divino humano.

Fareis humanado em mim
créditos à divindade,
porque o vosso incêndio há de
transformar-me em serafim:
fareis deste barro enfim
frágua de incêndio digno,
fareis do grosseiro o fino,
que isso é glória do saber,
e por timbre do poder
Fareis do humano divino.

♦ ♦ ♦

peregrina: excelente, extraordinária.
2ª estrofe, versos 5-7: será justo que o peito humano publique vossa glória em seu pergaminho lhano.
pergaminho: pele de animal, amolecida com cal, raspada e polida, para servir de material de escrita.

lhano: simples.
suspendido: arrebatado, extasiado.
vileza: insignificância.
Publicano: homem de negócios (sentido pejorativo). Remete ao texto bíblico, em que, no templo, rezavam o publicano (pecador humilde) e o fariseu (vangloriando-se de suas boas ações). Cristo elogiou o primeiro, perdoando-o, e repreendeu o segundo.
humanado: humanizado, tornado humano.
créditos: trocas de bens presentes por bens futuros.
serafim: anjo da primeira hierarquia celeste.
frágua: forja, fornalha.
que isso: pois isso.
timbre: sinal, marca.

◆ ◆ ◆

Esse poema é constituído de um monólogo — o de número 19 numa série de 24 — composto pela freira dominicana Violante do Céu, nascida em 1602, e autora do livro *Rimas várias* (1646). O monólogo é pronunciado diante do Divino Sacramento, ou seja, no ritual litúrgico de exposição da Hóstia Consagrada. O poeta *glosa* o monólogo, isto é, compõe um poema que tem como base uma quadra de Violante do Céu. Essa quadra é o *mote*. Cada estrofe tem um verso deste.

6
Soneto

Satiriza a incompetência do governador da Bahia
Antônio de Sousa de Meneses, que deixava o cargo

Senhor Antão de Sousa de Meneses,
Quem sobe a alto lugar, que não merece,
Homem sobe, asno vai, burro parece,
Que o subir é desgraça muitas vezes.

A fortunilha autora de entremezes
Transpõe em burro o Herói, que indigno cresce:
Desanda a roda, e logo o homem desce,
Que é discreta a fortuna em seus reveses.

Homem (sei eu) que foi vossenhoria,
Quando o pisava da fortuna a Roda,
Burro foi ao subir tão alto clima.

Pois vá descendo do alto, onde jazia,
Verá quanto melhor se lhe acomoda
Ser home em baixo, do que burro em cima.

❖❖❖

Antão de Sousa de Meneses: referência ao governador (1682-1684), apelidado de "Braço de Prata", por ter perdido um braço em ação militar e ter colocado no lugar um de metal. "Antão", forma popular de "Antônio", pode ter sido usada por questão de métrica, isto é, para manter o verso como decassílabo, o que não aconteceria se tivesse escrito "Antônio". Também parece remeter humoristicamente ao aumentativo de 'anta', nome pejorativo para "pessoa estúpida".
fortunilha: pouca sorte.
entremezes: plural de "entremez", termo de teatro - peça de um ato, engraçada, originária do século XII, que geralmente termina por um número musical cantado.

Desanda: anda para trás.
Que é discreta a fortuna em seus reveses: pois é discreto o destino em suas desgraças.
vossenhoria: redução pejorativa de Vossa Senhoria, forma de tratamento para autoridades.
da fortuna a Roda: a roda da fortuna: o destino, os variados acidentes da sorte.
clima: região, lugar.
acomoda: é conveniente, é adequado.
home: homem. Por exigência da métrica, houve a chamada licença poética: elisão, depois de ectlipse, isto é, queda do "m" antes de palavra iniciada por vogal (nesse caso, antes da palavra *em*, como está no poema).

7
Soneto

O desmembramento aleatório das sílabas ou letras das palavras, seu espaçamento na folha e o intercâmbio de sílabas causam um efeito visual interessante e um clima de jogo.

Elogia a figura e o trabalho do
desembargador Dionísio de Ávila Varreiro

```
Dou     pruden    nobre,  huma                 afá
     to,       te,            no,           vel,
Re          singular ra          inflexí
Úni       cien           benig    e aplausí
        co,             ro,                vel
Magnífi          precla       incompará
Do  mun        grave  Ju            inimitá
           do              is                  vel
Admira          goza   o aplauso      crí
Po    a trabalho tan     e t                terrí
     is                to         ão             vel
Da          pron    execuç    sempre incansá
Voss      fa     Senhor  sej       notór
       a       ma         a          ia
L      no  cli   onde  nunc   chega o d
Ond      de   Ere    só se   tem  memór
       e         bo                       ia
Para qu        gar     tal,    tanta energ
po       de   tôd    est    terr   é gentil glór
       is         a       a       a              ia
Da ma       remot    sej     um          alegr
```

Para facilitar didaticamente a leitura do poema, transcrevo-o na forma comum. Entretanto, observe que o interessante está na pulverização dos vocábulos — técnica que será a base do *Concretismo*, movimento literário brasileiro iniciado na década de 1950.

> Douto, prudente, nobre, humano, afável
> Reto, ciente, benigno e aplausível
> Único, singular, raro, inflexível
> Magnífico, preclaro, incomparável
> Do mundo grave Juis inimitável
> Admirado gozais o aplauso crível
> Pois a trabalho tanto e tão terrível
> Dais pronto execução sempre incansável
> Vossa fama Senhor seja notória
> La no clima onde nunca chega o dia
> Onde de Erebo só se tem memória
> Para que garbo tal, tanta energia
> pois de toda esta terra é gentil glória
> Da mais remota seja uma alegria

❖ ❖ ❖

Douto: sábio.
afável: fácil e educado nas relações sociais.
Reto: honesto.
singular: especial.
benigno: bondoso.
aplausível: digno de aplauso, aprovação.
preclaro: ilustre.
grave: sério.
Juis: Juiz. A mudança da ortografia se deve ao fato de o "i" pertencer também à palavra "gozais", que teve a preferência ortográfica.
crível: acreditável, sincero. Na edição da Cultura (1943, p. 111) aparece "incrível".
pronto: de imediato.
La: sem acento, porque o "a" também pertence à palavra "Vossa", que teve a preferência ortográfica.
clima: região, lugar.
Erebo: designação mitológica para as Trevas do Inferno.
garbo: valentia.

Três últimas linhas: segundo Wisnik (1976). Já que tanto garbo e tanta energia são gentil glória desta terra, que sejam também alegria da terra mais remota (isto é, o Erebo).

♦ ♦ ♦

Esse poema foi escrito para homenagear as altas qualidades daquele advogado que defendia as causas relativas à Bahia. Entre seus feitos bem sucedidos, está a ida a Porto Seguro, com apenas 50 soldados e alguns indígenas, para prender 37 bandidos que ali roubavam e matavam.

Na edição da Cultura (1943, p. 111), o poema consta como tendo sido dedicado ao Desembargador Belchior da Cunha Brochado. Há uma troca de vocábulos entre o 2º e o 3º versos, existem equívocos na grafia de vocábulos e a disposição deles na folha impressa tem um visual mais conservador. A título de exemplo, transcrevemos apenas as primeiras linhas:

Douto	pruden	nobre huma	afav
>to	>te	>no	>el
Re	cien	benig	e apraziv
Úni	singular ra	inflexiv	
>co	>ro	>vel	

8
Soneto

O poeta compara-se com a Bahia, no passado e no presente, quanto a questões financeiras

Triste Bahia! oh quão dessemelhante
Estás, e estou do nosso antigo estado!
Pobre te vejo a ti, tu a mim empenhado,
Rica te vejo eu já, tu a mim abundante.

A ti tocou-te a máquina mercante,
Que em tua larga barra tem entrado,
A mim foi-me trocando, e tem trocado
Tanto negócio, e tanto negociante.

Deste em dar tanto açúcar excelente
Pelas drogas inúteis, que abelhuda
Simples aceitas do sagaz Brichote.

Oh se quisera Deus, que de repente
Um dia amanheceras tão sisuda
Que fora de algodão o teu capote!

◆ ◆ ◆

dessemelhante: diferente.
empenhado: endividado, com bens penhorados.
tu a mim abundante: tu vês a mim abundante, isto é, abastado, com muitos bens.
máquina mercante: complexidade do comércio. Segundo Soares Amora (1959, p. 55), as naus que transportavam o comerciante português.
barra: baía.
açúcar excelente: açúcar de ótima qualidade, porque, na época, o açúcar era um ingrediente importantíssimo na manipulação de medicamentos.
drogas: coisas de pouco valor. Também "remédios".

que abelhuda: porque curiosa.
Simples: ingredientes que entram na composição de remédios (SOARES AMORA, 1959, p. 55).
sagaz: esperto.
Brichote: gringo, estrangeiro. Talvez originado de *"british"*, britânico.
1º terceto: Segundo Soares Amora (1959, p. 55), pelo excelente açúcar da Bahia, recebe-se, ao invés de remédios, os ingredientes que entram em sua composição.
quisera, amanheceras, fora: quisesse, amanhecesses, fosse — pretérito mais-que-perfeito empregado no sentido do imperfeito do subjuntivo, fato comum na época.
sisuda: séria.

◆ ◆ ◆

Esse soneto está analisado em Bosi (1992, p. 94-98).

◆ ◆ ◆

Fonte: atribuída a Francisco Rodrigues Lobo (poeta português – 1580-1621?)

Teixeira Gomes (1985, p. 93-94) transcreve todo o soneto, dizendo que Gregório recorria, pois, a um discurso lírico já consagrado em Portugal para veicular a sua mensagem anticolonialista. Reproduzimos somente os quartetos:

Fermoso Tejo meu, quão diferente	*(Fermoso: Formoso)*
Te vejo e vi, me vês agora e viste:	
Turvo te vejo a ti, tu a mim triste	
Claro te vi eu já, tu a mim contente.	

A ti foi-te trocando a grossa enchente	*(grossa: grande)*
A quem teu largo campo não resiste;	*(quem: em poesia,*
A mim trocou-me a vista em que consiste	*usa-se para coisas)*
O meu viver contente ou descontente.	

9
Décimas

Estrofes de 10 versos de 7 sílabas, denominados de *redondilhas maiores* ou *heptassílabos*, cujo esquema normal de rimas é *abbaaccddc*. Neste caso, há uma inovação: a cada estrofe foi acrescentado um verso — "Ponto em boca" — que funciona como estribilho. Assim, o décimo verso tem a rima *e*, e não c, para rimar com o estribilho.

Culpa o governo e os estrangeiros por uma grande fome que houve na Bahia, possivelmente a de 1691, sob o governo de Antônio Luís da Câmara Coutinho

Toda a cidade derrota
esta fome universal,
uns dão a culpa total
à Câmara, outros à frota:
a frota tudo abarrota
dentro nos escotilhões
a carne, o peixe, os feijões,
e se a Câmara olha, e ri,
porque anda farta até aqui,
é cousa, que me não toca;
Ponto em boca.

Se dizem, que o marinheiro
nos precede a toda a Lei,
porque é serviço d'El-Rei,
concedo, que está primeiro:
mas tenho por mais inteiro
o conselho, que reparte
com igual mão, igual arte

por todos, jantar, e ceia:
mas frota com tripa cheia,
e povo com pança oca!
Ponto em boca.

A fome me tem já mudo,
que é muda a boca esfaimada;
mas se a frota não traz nada,
por que razão leva tudo?
que o Povo por ser sisudo
largue o ouro, e largue a prata
e uma frota patarata,
que entrando co'a vela cheia,
o lastro que traz de areia,
por lastro de açúcar troca!
Ponto em boca.

Se quando vem para cá,
nenhum frete vem ganhar,
quando para lá tornar,
o mesmo não ganhará:
quem o açúcar lhe dá,
perde a caixa, e paga o frete,
porque o ano não promete
mais negócio, que perder
o frete, por se dever,
a caixa, porque se choca:
Ponto em boca.

Eles tanto em seu abrigo,
e o povo todo faminto,
ele chora, e eu não minto,
se chorando vô-lo digo:
tem-me cortado o embigo
este nosso General,
por isso de tanto mal
lhe não ponho alguma culpa;
mas se merece desculpa
o respeito, a que provoca,
Ponto em boca.

Com justiça pois me torno
à Câmara Nó Senhora
que pois me trespassa agora,
agora leve o retorno:
praza a Deus, que o caldo morno,
que a mim me fazem cear
da má vaca do jantar
por falta do bom pescado
lhe seja em cristéis lançado;
mas se a saúde lhes toca:
Ponto em boca.

❖ ❖ ❖

1º e 2º versos: esta fome universal (geral) derrota toda a cidade.
escotilhões: aberturas pequenas, feitas em qualquer pavimento de uma embarcação, para passagem de carga.
que me não toca: que não me toca. A colocação do pronome antes de "não" era usual.
Ponto em boca: forma abreviada da expressão "dar um ponto na boca", isto é, "calar-se". Em espanhol: *punto en boca!* (cale-se!). João Ribeiro (1964, p. 316-317) transcreve uma estrofe de Quevedo que termina com o mesmo verso.
2ª estrofe, versos 18: concordo com que digam que o marinheiro tem preferência a nós para ter os alimentos, porque ele está a serviço do Rei. Mas acredito que seja mais honesta a posição de se repartirem os alimentos de maneira igual para todos, no almoço e no jantar.
que é muda a boca esfaimada: porque a boca faminta é muda.
sisudo: ajuizado.
patarata: que conta lorota, loroteira.
co'a: licença poética: elisão (agrupamento de duas sílabas — *com a* — em uma).
lastro: tudo o que se põe no porão do navio para dar-lhe estabilidade.
4ª estrofe: a pontuação, a sintaxe e o raciocínio tipicamente barrocos aumentam a dificuldade de entendimento. Propõe-se o seguinte sem que se esclareça tudo: Se, quando a frota vem para cá, não vem ganhar nenhum frete (porque traz areia), quando volta para lá também não vai ganhar o frete: quem dá o açúcar à frota, perde a caixa de açúcar (pois o preço é muito baixo), mas paga o transporte. Assim, o ano não promete mais negócios do que perder o frete por devê-lo, e perder a caixa de açúcar, pois ela choca (apodrece). Aí o poeta parece jogar com dois significados para 'frete': coisa transportada (nenhum frete vem ganhar) e preço do transporte (paga o frete/perder o frete).

5ª estrofe, versos 7-10: por isso não lhe ponho culpa alguma de tanto mal; mas, se o respeito a que provoca, merece desculpa, ponto em boca.
tem-me cortado o embigo: expressão desconhecida.
Nó: Nossa. Licença poética: apócope (perda de letra ou sílaba no fim da palavra, visando a manter o verso com sete sílabas). O acento marca a tonicidade da sílaba, distinguindo-a de no — combinação da preposição em com o artigo o. "Nossa Senhora" era expressão usada não só para a mãe de Cristo, como também para a rainha; no caso, a Câmara era a "rainha" da cidade.
pois: já que.
trespassa: traspassa, aflige; no caso, por fazer passar fome.
cristéis: forma antiga popular de "clisteres", isto é, "injeções de água no reto para limpar o intestino".
6ª estrofe, versos 3-10: Já que a Câmara me faz passar fome atualmente, então leve o retorno: queira Deus que o caldo morno que me obrigam a cear, feito com a má carne de vaca (que sobrou) do jantar, por falta do bom peixe, seja defecado, em forma de diarreia, sobre a Câmara.
lhes toca: Parece tratar-se do verbo tocar-se, no sentido de "deteriorar" "apodrecer" (a fruta), aqui usado metaforicamente: mas, se a saúde dos membros da Câmara se deteriora...

10
Soneto

Lamenta-se dos erros do mundo,
dizendo que é muito difícil corrigi-los

Carregado de mim ando no mundo,
E o grande peso embarga-me as passadas,
Que como ando por vias desusadas,
Faço o peso crescer, e vou-me ao fundo.

O remédio será seguir o imundo
Caminho, onde dos mais vejo as pisadas,
Que as bestas andam juntas mais ornadas,
Do que anda só o engenho mais profundo.

Não é fácil viver entre os insanos,
Erra, quem presumir, que sabe tudo,
Se o atalho não soube dos seus danos.

O prudente varão há de ser mudo,
Que é melhor neste mundo o mar de enganos
Ser louco cos demais, que ser sisudo.

∴

Carregado: pesado.
embarga-me as passadas: dificulta os meus passos.
Que (no início dos três versos): porque.
onde dos mais vejo as pisadas: onde vejo as pisadas das outras pessoas.
ornadas: enfeitadas, superficiais.
engenho: pessoa de talento e saber.
Se o atalho não soube dos seus danos: se não soube o encurtamento da distância de seus danos, isto é, se não soube como acabar com seus males.
varão: homem.

cos: licença poética: com os.
sisudo: são, não louco.

◆ ◆ ◆

Teixeira Gomes (1985, p. 90-91) mostra como o primeiro verso do soneto é tirado de Quevedo:

Cargado voy de mí: veo delante (Carregado vou de mim: vejo adiante). E acrescenta: "Gregório parece ter adaptado as ideias de Quevedo à experiência dos seus próprios conflitos na Bahia, concluindo, melancolicamente, que é melhor sujeitar-se para viver em paz do que entrar em choque com uma sociedade que não observava as regras da prudência e do bom senso — comportamento, aliás, que na prática ele não assumiu."

11
Tercetos

Composição poética também chamada de *Terça Rima*. Constitui-se de uma série de tercetos (estrofes de 3 versos), em que o primeiro e o terceiro verso rimam entre si e com o segundo, da estrofe anterior.

**Teoriza sobre sua poesia satírica que
lamenta a situação corrupta que vê na Bahia**

Eu sou aquele, que os passados anos
Cantei na minha lira maldizente
Torpezas do Brasil, vícios, e enganos.

E bem que os decantei bastantemente,
Canto segunda vez na mesma lira
O mesmo assunto em plectro diferente.

Já sinto que me inflama, ou que me inspira
Talia, que Anjo é da minha guarda,
Dês que Apolo mandou, que me assistira.

Arda Baiona, e todo o mundo arda,
Que, a quem de profissão falta à verdade,
Nunca a Dominga das verdades tarda.

Nenhum tempo excetua a Cristandade
Ao pobre pegureiro do Parnaso
Para falar em sua liberdade.

A narração há de igualar ao caso,
E se talvez ao caso não iguala,
Não tenho por Poeta, o que é Pegaso.

De que pode servir calar, quem cala,
Nunca se há de falar, o que se sente?
Sempre se há de sentir, o que se fala!

Qual homem pode haver tão paciente,
Que vendo o triste estado da Bahia,
Não chore, não suspire, e não lamente?

Isto faz a discreta fantesia:
Discorre em um, e outro desconcerto,
Condena o roubo, e increpa a hipocrisia.

O néscio, o ignorante, o inexperto,
Que não elege o bom, nem mau reprova,
Por tudo passa deslumbrado, e incerto.

E quando vê talvez na doce trova
Louvado o bem, e o mal vituperado,
A tudo faz focinho e nada aprova.

Diz logo prudentaço, e repousado,
Fulano é um satírico, é um louco,
De língua má, de coração danado.

Néscio: se disso entendes nada, ou pouco,
Como mofas com riso e algazarras
Musas, que estimo ter, quando as invoco?

Se souberas falar, também falaras,
Também satirizaras, se souberas,
E se foras Poeta, poetizaras.

A ignorância dos homens destas eras
Sisudos faz ser uns, outros prudentes,
Que a mudez canoniza bestas feras.

Há bons, por não poder ser insolentes,
Outros há comedidos de medrosos,
Não mordem outros não, por não ter dentes,

Quantos há, que os telhados têm vidrosos,
E deixam de atirar sua pedrada
De sua mesma telha receosos.

Uma só natureza nos foi dada:
Não criou Deus os naturais diversos,
Um só Adão formou, e esse de nada.

Todos somos ruins, todos perversos,
Só nos distingue o vício, e a virtude,
De que uns são comensais, outros adversos.

Quem maior a tiver, do que eu ter pude,
Esse só me censure, esse me note,
Calem-se os mais, chitom, e haja saúde.

❖❖❖

os passados anos: nos anos passados. A síncope do "n" de "nos" é devida à necessidade de manter o verso como decassílabo.
Cantei: celebrei.
lira: instrumento antigo, de cordas, que acompanhava a poesia cantada. Viola. Por extensão, passou a significar também inspiração poética, a própria poesia. No caso, pode-se entender dos três modos.
Torpezas: desonestidades.
decantei: celebrei em versos, o mesmo que "cantei".
plectro: vara com que se tocava a lira. Por extensão — inspiração poética, poesia.
Talia: figura mitológica: musa inspiradora da comédia, amada de Apolo — o Sol, deus dos oráculos, da arte, da poesia, da dança, da música, da medicina, dos pastores e do dia.
Dês: licença poética: apócope (supressão de fonemas ou letras no fim da palavra) — Desde.
assistira: assistisse. Emprego do mais-que-perfeito no lugar do imperfeito do subjuntivo: desse assistência; no caso, inspirasse.
Baiona (Bayonne): cidade da Galiza, um dos principais portos da região, onde várias vezes espanhóis e portugueses lutaram (SOARES AMORA, 1959, p. 54). Urtiga (TEIXEIRA DE SALES, 1975, p. 183).
Que: porque.
de profissão: pelo comportamento ou modo de agir.
falta à verdade: é mentiroso.
Dominga: palavra da liturgia católica: domingo de festas da Igreja. Dominga das verdades — o dia (digno de festa) de aparecer a verdade, desmascarando os mentirosos.
pegureiro do Parnaso: pastor de ovelhas do monte da antiga Grécia, consagrado a Apolo e às Musas. Por extensão, "Parnaso" passou a significar a terra da poesia, donde o nome de uma corrente literária de fins do século XIX chamada Parnasianismo. No caso, "pegureiro" significa 'poeta'. Segundo Soares Amora (1959, p. 54), o mais ínfimo dos poetas.

excetua: exclui, isenta.

5ª estrofe: propõe-se o seguinte entendimento, ainda que não muito claro: em tempo algum os cristãos excluíram o pobre poeta pagão de poetar livremente.

Pegaso: Pégaso (pronuncia-se como paroxítona, para rimar com "caso"), figura mitológica: cavalo alado. A patada que deu ao nascer fez brotar a fonte de Hipocrene, em cuja água os poetas bebiam para ter inspiração.

Não tenho por Poeta, o que é Pegaso: se o talento do poeta for suficiente para o tratamento poético do assunto, pouco adiantaria invocar Hipocrene (SPINA *apud* DIMAS, 1981, p. 83).

estado: situação.

fantasia: arcaísmo popular: fantasia, imaginação.

increpa (verbo): censura.

néscio: tolo, idiota.

vituperado: repreendido duramente.

faz focinho: torce o nariz.

prudentaço: muito prudente.

mofas: desprezas.

14ª estrofe: atenção para o jogo no emprego do mais-que-perfeito como tal, e no lugar do imperfeito do subjuntivo e do futuro do pretérito, quer como tempos simples, quer compostos. Essa mistura confunde também os tempos da ação verbal.

Que (a mudez): porque, pois.

canoniza: santifica.

17ª estrofe: Observe como GM poetiza o provérbio "Quem tem telhado de vidro não atire pedra no telhado do vizinho" (Quem tem má fama não pode falar mal dos outros).

e esse de nada: segundo a bíblia, Deus fez Adão do barro, portanto "do nada".

comensais: que têm o hábito de fazer refeições na casa dos outros.

adversos: adversários.

a tiver: tiver a virtude.

chitom: arcaísmo: silêncio!

haja saúde: fórmula de despedida, adeus, geralmente simplificada em "saúde!".

12
Soneto

Fala da hipocrisia e da desonestidade humanas, mostrando imenso desprezo por elas

Neste mundo é mais rico, o que mais rapa:
Quem mais limpo se faz, tem mais carepa:
Com sua língua ao nobre o vil decepa:
O Velhaco maior sempre tem capa.

Mostra o patife da nobreza o mapa:
Quem tem mão de agarrar, ligeiro trepa;
Quem menos falar pode, mais increpa:
Quem dinheiro tiver, pode ser Papa.

A flor baixa se inculca por Tulipa;
Bengala hoje na mão, ontem garlopa:
Mais isento se mostra o que mais chupa.

Para a tropa do trapo vazo a tripa,
E mais não digo, porque a Musa topa
Em apa, epa, ipa, opa, upa.

• • •

rapa: rouba.
carepa: caspa, sujeira.
1ª estrofe, 3º verso: O vil (desprezível) decepa com sua língua o nobre.
capa: proteção.
patife: sem-vergonha, covarde.
mapa: certo tecido de seda.
Mostra o patife da nobreza o mapa: o sem-vergonha se veste como o nobre.
se inculca por: se apresenta como.
Bengala hoje na mão: metáfora de nobreza.

garlopa: instrumento usado pelos carpinteiros para aplainar madeira: plaina grande. Metáfora de "inferioridade social".

vazo a tripa: defeco, no sentido de "desprezo". Observar o verso sob a forma de trava-língua, da qual a mais comum é "O rato roeu a roupa rasgada do rei de Roma". No caso, a repetição dos fonemas aponta para o ruído produzido no ato de expelir gases intestinais.

topa: vem bater de encontro, isto é, a Musa (inspiração) toma o poema e o conclui, recolhendo no último verso as rimas que o poeta espalhou nele: apa, epa, ipa, opa, upa. Vários pesquisadores descobriram esse mesmo tipo de rima, e de palavras que o contêm, em outros literatos da época, como o padre Antônio Vieira e seu irmão Bernardo Vieira Ravasco. Nestes, o último verso do soneto é idêntico ao de GM. Essa questão encontra-se detalhada em Teixeira Gomes (1985, p. 256-262).

13
Soneto

Dedicado à esposa Maria dos Povos, incitando-a a aproveitar a mocidade, porque o tempo acaba com a beleza e traz a morte

Discreta, e formosíssima Maria,
Enquanto estamos vendo a qualquer hora
Em tuas faces a rosada Aurora,
Em teus olhos, e boca o Sol, e o dia:

Enquanto com gentil descortesia
O ar, que fresco Adônis te namora,
Te espalha a rica trança voadora,
Quando vem passear-te pela fria:

Goza, goza da flor da mocidade,
Que o tempo trota a toda ligeireza,
E imprime em toda a flor sua pisada.

Oh não aguardes, que a madura idade
Te converta em flor, essa beleza
Em terra, em cinza, em pó, em sombra, em nada.

• • •

Adônis: deus grego, extraordinariamente belo, nascido de uma árvore, era a divindade da agricultura e da vegetação. O poeta personifica o ar em sua figura.
rica: linda.
trança voadora: madeixa, porção de cabelos (aqui, não trançados) esvoaçante, flutuante ao vento. "Brilhadora" ao invés de "Voadora" em algumas edições.
fria: madrugada (SOARES AMORA, 1959).

Que o tempo: porque o tempo.
Te converta em flor, essa beleza: converta essa tua beleza em flor (beleza da juventude).

∴

Fonte: Luis de Góngora y Argote (poeta espanhol – 1561-1627)

Existe outra leitura que mostra como o poeta se apropriou, neste soneto, dos quartetos do soneto "Ilustre e hermosísima María", e dos tercetos de outro soneto do mesmo autor — "Mientras por competir con tu cabello":

> *Ilustre e hermosísima María*
> *mientras se dejan ver a cualquier hora*
> *en tus mejillas la rosada Aurora*
> *Febo en tus ojos, y en tu frente el día*
>
> *y mientras con gentil descortesía*
> *mueve el viento la hebra voladora*
> *que la Arabia en sus venas atesora*
> *y el rico Tajo en sus arenas cría*
>
> *goza cuello, cabello, labio y frente*
> *antes que lo que fué en tu edad dorada*
> *oro, lirio, clavel, cristal luciente,*
>
> *no sólo en plata o viola troncada*
> *se vuelva, mas tú y ello juntamente*
> *en tierra, en humo, en polvo, en sombra, en nada.*

Ilustre e formosíssima Maria
enquanto se deixam ver a qualquer hora
em tuas faces a rosada aurora
Febo em teus olhos, e em sua fronte o dia

e enquanto com gentil descortesia
move o vento a madeixa esvoaçante
que a Arábia em suas veias atesoura
e o lindo Tejo em suas areias cria

        goza o pescoço, cabelo, lábio e fronte
        antes que o que foi em teus anos dourados
        ouro, lírio, cravo, cristal luzente,

        não só em prata ou violeta cortada
        se transforme, mas tu e isso juntamente
        em terra, em fumo, em pó, em sombra, em nada.

Entenda:

    Ilustre e formosíssima Maria: enquanto, em todos os instantes, a aurora rosada se mostra em tuas faces, o Sol (se mostra) em teus olhos e o dia (se mostra) em tua fronte; e enquanto, com graciosa descortesia, o vento move a (tua) madeixa esvoaçante — vento que a Arábia (região ao sudoeste de Ásia) ajunta em grande quantidade em si mesma e que o lindo Tejo (rio que banha Lisboa) cria em suas praias — desfruta de teu pescoço, cabelos, lábios e testa, antes que aquilo que foi — em tua época feliz e esplendorosa (a da juventude) — ouro, lírio, cravo, cristal brilhante — se transforme não apenas em prata ou violeta cortada do pé, mas que tu e tudo isso juntos (se transformem) em terra, em fumaça, em pó, em sombra; em resumo: em nada.

14
Soneto

Outra versão do mesmo tema do soneto anterior

Discreta, e formosíssima Maria,
Enquanto estamos vendo claramente
Na vossa ardente vista o sol ardente,
E na rosada face a Aurora fria:

Enquanto pois produz, enquanto cria
Essa esfera gentil, mina excelente
No cabelo o metal mais reluzente,
E na boca a mais fina pedraria:

Gozai, gozai da flor da formosura,
Antes que o frio da madura idade
Tronco deixe despido, o que é verdura.

Que passado o zenith da mocidade,
Sem a noite encontrar da sepultura,
É cada dia ocaso da beldade.

• • •

Tronco deixe despido, o que é verdura: Deixe o tronco (da planta) despido de verde.
Que passado: porque tendo passado.
zenith: zênite, auge, apogeu.
Sem a noite encontrar da sepultura: Sem encontrar a noite da sepultura, isto é, sem encontrar a morte.
É cada dia ocaso da beldade: E cada dia a beleza diminui.

15
Soneto

Pranto de amor

Ardor em coração firme nascido!
Pranto por belos olhos derramado!
Incêndio em mares de água disfarçado!
Rio de neve em fogo convertido!

Tu, que um peito abrasas escondido,
Tu, que em um rosto corres desatado,
Quando fogo em cristais aprisionado,
Quando cristal em chamas derretido.

Se és fogo como passas brandamente?
Se és neve, como queimas com porfia?
Mas ai! que andou Amor em ti prudente.

Pois para temperar a tirania,
Como quis, que aqui fosse a neve ardente,
Permitiu, parecesse a chama fria.

• • •

1ª estrofe: Ardor nascido em coração firme!/Pranto derramado por belos olhos!/Incêndio disfarçado em mares de água!/Rio de neve convertido em fogo!
mares: grandes quantidades.
porfia: teima, obstinação.
4ª estrofe, 2º e 3º versos: Permitiu que a chama parecesse fria/Assim como quis que a neve fosse ardente aqui.

16
Soneto

Os homens mais importantes da Bahia, chamados Caramurus

Há cousa como ver um Paiaiá
Mui prezado de ser Caramuru,
Descendente de sangue de Tatu,
Cujo torpe idioma é cobé pá.

A linha feminina é carimá
Moqueca, pititinga caruru
Mingau de puba, e vinho de caju
Pisado num pilão de Piraguá.

A masculina é um Aricobé
Cuja filha Cobé um branco Paí
Dormiu no promontório de Passé.

O Branco era um marau, que veio aqui,
Ela era uma índia de Maré
Cobé pá, Aricobé, Cobé Paí.

• • •

Paiaiá: indígena de Sergipe, segundo o dicionário de Aulete (1958). Pajé, piaga, ou seja, o feiticeiro — segundo Ribeiro (1964, p. 61). Este último diz que "piaga" é leitura defeituosa.
Mui prezado: muito desejoso.
Caramuru: homem branco importante. Origina-se do apelido de um dos primeiros povoadores da Bahia, Diogo Álvares. O poeta usa a palavra pejorativamente.
Tatu: Segundo Ribeiro (1964, p. 61), talvez se refira a um famoso chefe indígena, de nome Porquinho, conforme a tradição, na época do Governador Luís de Brito.

torpe: mau.
cobé pá: dialeto dos Cobé, que habitavam próximo da cidade. "Pá" é a afirmativa "sim".
carimá: bolo de farinha de mandioca (RIBEIRO, 1964, p. 61). Em Varnhagen (1946, p. 154), "cariná". Em Aurélio (1986), o vocábulo "cariná" é variante de "calina" — tribo indígena do norte do Pará.
moqueca: guisado de peixe, galinha ou ovos, com leite de coco e muito tempero.
pititinga: manjuba ou enchova (nomes de peixe).
caruru: guisado muito temperado de quiabo com camarão e peixe. Em Varnhagen (1946, p. 154), "carimá". Então, segundo esse pesquisador, o vocábulo "caruru" não existe no texto. O poeta jogou com "cariná" (nome de tribo) e "carimá" (bolo de farinha de mandioca).
puba: (farinha) mole ou amolecida (RIBEIRO, 1964, p. 62).
pisado: socado no pilão.
Piraguá: há possibilidade de três sentidos: a) localidade (não identificada); b) apócope de piraguara, sinônimo de caipira; c) apócope de piraguara, uma espécie botânica de cipó. Então, "Pilão de Piraguá" seria "pilão típico de certa localidade", ou "pilão de roça", ou "pilão feito com hastes/folhas de cipó". Ribeiro (1964, p. 60-62) registra as variantes "Piraiá", "Piraquá" e "Pirajá", afirmando tratar-se de localidade da Bahia.
A masculina: A (linha) masculina.
um branco Paí: em Varnhagen (1946, p. 154), "cum", licença poética, elisão: com um. No poema não tem "cum", mas só fará sentido se o lermos desta forma.
Aricobé: nome de tribo indígena. Segundo Ribeiro (1964, p. 62), nome dos indígenas progenitores do Paiaiá.
Cobé: descendente de indígenas (WISNIK, 1976). Nome dos indígenas progenitores do Paiaiá (RIBEIRO, 1964, p. 62).
promontório: acidente geográfico — cabo.
Passé: possibilidade de dois sentidos: a) segundo Ribeiro (1964, p. 60), localidade (não identificada); b) tribo indígena da Amazônia, entre os rios Negro e Içá.
marau: malandro.
Maré: ilha da Bahia.
último verso: jogo com palavras indígenas. Encontra-se também grafado assim: Cobepá, Aricobé, Cobé, Paí. Ribeiro (1964: 60) afirma que, ao invés de "Cobé", deveria ser "Passé", e que "Paí" seria a pronúncia do indígena para o nome "Passé".

❖❖❖

Esse soneto está comentado em Ribeiro (1964, p. 60-62) e em Topa (1999, p. 395-396); o mesmo e o seguinte também estão comentados em Kothe (1997, p. 339-342).

17
Soneto

O mesmo assunto do anterior

Um calção de pindoba a meia zorra
Camisa de Urucu, mantéu de Arara,
Em lugar de cotó arco, e taquara,
Penacho de Guarás em vez de gorra.

Furado o beiço, e sem temor que morra,
O pai, que lho envazou cuma titara,
Senão a Mãe, que a pedra lhe aplicara,
A reprimir-lhe o sangue, que não corra.

Animal sem razão, bruto sem fé,
Sem mais Leis, que as do gosto, quando erra,
De Paiaiá virou-se em Abaeté.

Não sei, onde acabou, ou em que guerra,
Só sei, que deste Adão de Massapé,
Procedem os fidalgos desta terra.

∴

pindoba: variedade de palmeira.
a meia zorra: caindo. Aparece também "porra" ao invés de "zorra", no sentido de "a meia altura do pênis" (TOPA, 1995, p. 397).
Camisa de Urucu: tronco pintado com a tinta da semente do urucu ou urucum, fruto de cor alaranjada. Assim pintado, o indígena parece estar vestido.
mantéu de Arara: capinha feita com penas de arara.
cotó: faca grande.
penacho: conjunto de penas para adorno de cabeça.
Guarás: espécie de ave.
gorra: gorro.

temer: em Varnhagen (1946, p. 148), "temor".
lho envazou cuma titara: furou o beiço dele com um espinho de palmeira. Em Varnhagen (1946, p. 148) — "envarou".
cuma: licença poética: com uma (elipse).
Senão a Mãe: se não (foi) a Mãe (que lhe furou o beiço). Em Varnhagen (1946, p. 148): "Sendo a mãe a que a pedra lhe aplicara".
A reprimir-lhe: em Varnhagen (1946, p. 148), "por reprimir-lhe".
pedra: enfeite que os indígenas trazem no lábio furado.
que não corra: para que não corra.
Animal: Na edição da Cultura (1943, p. 10) e em Varnhagen (1946, p. 148) aparece "Alarve", do árabe *al-arab* — os árabes. Como estes eram considerados selvagens pelos colonizadores, a palavra "alarve" significa selvagem, rude, grosseiro.
sem razão: irracional.
bruto: selvagem.
De Paiaiá virou-se em Abaeté: verso de difícil compreensão. Se aceitamos que "Paiaiá" é nome de tribo indígena de Sergipe, e que "Abaetê" é designação de tribo indígena do Norte do Brasil, o poeta, ao afirmar que o indígena se transformou de Paiaiá em Abaeté, estaria comparando indivíduos de ambas as tribos para dizer que a segunda é mais primitiva do que a primeira. Se optamos pela acepção de "Pajé" como "Paiaiá", e pela diferença que o Dicionário Aurélio faz entre abaetê (homem bom, honrado) e abaité (pessoa feia, repulsiva), o poeta está dizendo que esse indígena — um pajé (que normalmente não furaria o beiço) — transformou-se em homem feio, por tê-lo furado. GM estaria falando, portanto, de abaité, não de abaetê. A grafia com i é a que se encontra na edição da Cultura (1943, p. 10). Em Varnhagen (1946, p. 148), o verso é: De fauno se tornou em abaeté. "Paiaiá" por "fauno" complica mais o entendimento.
Massapé: Massapê. Pode-se propor dois entendimentos: a) terra argilosa de Sergipe e da Bahia, quase sempre preta e ótima para a cultura de cana-de-açúcar. Assim, o indígena Adão de Massapé, autóctone da terra nordestina, estaria opondo-se ao branco, Adão de Barro, criado por Deus, da terra do Paraíso; b) "Marapé", e não "Massapé", segundo Antonio Risério (1996, p. 7) — "designação das terras de propriedade do governador Mem de Sá". Este é que seria o Adão de Marapé, do qual "procedem os fidalgos desta terra". Em Varnhagen (1946, p. 148), "Macapé".
Procedem: originam. Em Varnhagen (1946, p. 148), o verso é: "Uns fidalgos procedem desta terra".

❖ ❖ ❖

Este soneto está analisado em Kothe (1997, p. 339-340).

18
Décima

A alguém que lhe chamou de Pica-flor,
talvez devido a sua fisionomia

Se Pica-flor me chamais
Pica-flor aceito ser,
mas resta agora saber,
se no nome, que me dais,
meteis a flor, que guardais
no passarinho melhor!
se me dais este favor,
sendo só de mim o Pica,
e o mais vosso, claro fica,
que fico então Pica-flor.

❖ ❖ ❖

Pica-flor: o pássaro "beija-flor".
passarinho: além de pássaro, remete a certa árvore silvestre, de flores vermelhas ou amarelas. Poderia remeter também, metaforicamente, aos órgãos genitais femininos, ou aos masculinos: o pênis.
o Pica: GM parece brincar com dois sentidos: a) o elemento pica, do substantivo composto pica-flor; b) pica — lança antiga, aqui tomada como metáfora de "pênis", vocábulo feminino que ele transforma em masculino, para dar mais ênfase. Não há registro da existência, na época, de "pica" nem de "piça" aplicado a "pênis".
e o mais vosso: e a flor sendo vossa.

19
Soneto

Observe como a rima dos tercetos foge a todos os esquemas até então utilizados pelo poeta. Talvez porque GM esteja satirizando também um soneto de Camões, que aqui é parodiado, em sua condição de maior poeta da língua portuguesa.

Graças à vontade e mediação de Frei Tomás, uma rica e bela jovem veio da Índia para casar-se com um dos mais importantes nobres da Bahia

Sete anos a Nobreza da Bahia
Serviu a uma Pastora Indiana, e bela,
Porém serviu a Índia, e não a ela,
Que à Índia só por prêmio pertendia.

Mil dias na esperança de um só dia
Passava contentando-se com vê-la:
Mas Fr. Tomás usando de cautela,
Deu-lhe o vilão, quitou-lhe a fidalguia.

Vendo o Brasil, que por tão sujos modos
Se lhe usurpara a sua Dona Elvira,
Quase a golpes de um maço, e de uma goiva:

Logo se arrependeram de amar todos,
E qualquer mais amara, se não fora
Para tão limpo amor tão suja Noiva.

❖❖❖

pertendia: pretendia.
quitou-lhe: tirou dele.

Que à Índia: porque à Índia.
Dona Elvira: personagem do poema anônimo castelhano do século XII, *Gesta de mío Cid*, de 3.730 versos, que narra as aventuras heroicas de Rodrigo Días de Vivar, o Cid Campeador, conquistador da região de Valência. Dona Elvira é uma das filhas do Cid, dada em casamento a um dos príncipes de Carrión, que, numa emboscada, mandou açoitá-la violentamente, quase matando-a. Ele foi vencido em guerra movida pelo sogro, e Dona Elvira se casou novamente com o príncipe de Navarra.
maço: martelo de madeira para carpinteiros.
goiva: formão (instrumento de carpinteiro).

❖❖❖

Esse soneto, parodiado de Camões, remete, em ambos os poetas, à história bíblica de Jacó (*Gênesis*, capítulo III): neto de Abraão, Jacó era gêmeo de Esaú. Os irmãos representavam, cada um, os graus da ordem social: Jacó, pastor nômade, e Esaú, o beduíno típico — caçador e guerreiro. A pedido do pai Isaac, Jacó procurou seu tio Labão para pedir em casamento uma de suas filhas: Lia, a mais velha, ou Raquel, a caçula. Assim que viu Raquel, Jacó se apaixonou. Então trabalhou durante sete anos para Labão a fim de poder casar com a moça. Ao completá-los, Labão disse-lhe que a tradição mandava que a filha mais velha casasse primeiro. Por isso, ele deveria receber a Lia como esposa. Jacó respondeu que amava Raquel. Labão propôs, então, que ele trabalhasse para ele mais sete anos e, assim, teria Raquel, ficando casado com as duas. Jacó aceitou a proposta. Mas amou muito mais a Raquel do que a Lia.

❖❖❖

Fonte: Luís de Camões (poeta português – 1524?-1580)

Sete anos de pastor Jacó servia
Labão, pai de Raquel, serrana bela;
Mas não servia ao pai, servia a ela,
E a ela só por prêmio pretendia.

Os dias, na esperança de um só dia,

(E só pretendia a ela por prêmio.)

Passava, contentando-se com vê-la;
Porém o pai, usando de cautela,
Em lugar de Raquel lhe dava Lia.

Vendo o triste pastor que com enganos   *(triste pastor - Jacó)*
Lhe fora assi negada a sua pastora,   *(Lhe foi assim)*
Como se a não tivera merecida,   *(Como se não a tivesse merecida)*

Começa de servir outros sete anos,
Dizendo: — Mais servira, se não fora   *(Mais serviria, se não fosse)*
Pera tão longo amor tão curta a vida!   *(Para)*

Camões (1954, v. I, p. 194)

20
Soneto

Compara a inconstância das coisas
com a variação entre o dia e a noite

Nasce o Sol, e não dura mais que um dia,
Depois da Luz se segue a noite escura,
Em tristes sombras morre a formosura,
Em contínuas tristezas a alegria.

Porém se acaba o Sol, porque nascia?
Se formosa a Luz é, por que não dura?
Como a beleza assim se transfigura?
Como o gosto da pena assim se fia?

Mas no Sol, e na Luz, falte a firmeza,
Na formosura não se crê constância,
E na alegria sinta-se tristeza.

Começa o mundo enfim pela ignorância,
E tem qualquer dos bens por natureza
A firmeza somente na inconstância.

∙∙∙

Em contínuas tristezas a alegria: A alegria (morre) em contínuas tristezas.
Como o gosto da pena assim se fia?: Como o prazer da tristeza assim se trama?
E tem qualquer dos bens por natureza: E qualquer dos bens tem, como característica.

21
Soneto

A beleza do rosto de Caterina é maior do que aquilo que existe de mais belo na natureza

Vês esse Sol de luzes coroado?
Em pérolas a aurora convertida?
Vês a Lua de estrelas guarnecida?
Vês o Céu de Planetas adorado?

O Céu deixemos; vês naquele prado
A Rosa com razão desvanecida?
A Açucena por alva presumida?
O Cravo por galã lisonjeado?

Deixa o prado; vem cá, minha adorada,
Vês desse mar a esfera cristalina
Em sucessivo aljôfar desatada?

Parece aos olhos ser de prata fina?
Vês tudo isto bem? pois tudo é nada
À vista do teu rosto, Caterina.

❖❖❖

adorado: adornado (enfeitado) na edição da Academia (1923, p. 67) e na edição da Cultura (1943, p. 101); "adorado" não me parece fazer sentido no contexto.
desvanecida: vaidosa.
por alva presumida: considerada branca.
por galã lisonjeado: orgulhoso por (ser) elegante, esbelto.
esfera: superfície esférica.
aljôfar: pérola miúda e, por extensão metafórica, lágrimas (de mulher bela).
desatada: expandida, rompida.

3ª estrofe, 2º e 3º verso: Vês a superfície desse mar cristalino expandir-se em lágrimas, isto é, a espuma das ondas na arrebentação — na praia ou no rochedo.

Caterina: variante de "Catarina". Esta última forma se encontra na edição da Academia (1923, p. 67) na edição da Cultura (1943, p. 101) e na edição Topa (1999, p. 295).

22
Soneto

O mesmo tema do anterior, porém tratado humoristicamente

Rubi, concha de perlas peregrina,
Animado Cristal, viva escarlata,
Duas Safiras sobre lisa prata,
Ouro encrespado sobre prata fina.

Este o rostinho é de Caterina;
E porque docemente obriga, e mata,
Não livra o ser divina em ser ingrata,
E raio a raio os corações fulmina.

Viu Fábio uma tarde transportado
Bebendo admirações, e galhardias,
A quem já tanto amor levantou aras:

Disse igualmente amante, e magoado:
ah muchacha gentil, que tal serias,
Se sendo tão formosa não cagaras!

❖❖❖

perlas: pérolas; licença poética (síncope — supressão de letras no meio do vocábulo). "Perlas" é a palavra em espanhol.
Rubi: sentido poético — cor muito vermelha derivada da pedra preciosa.
peregrina: rara.
Rubi, concha de perlas peregrina: o conjunto da boca; rubi: os lábios muito vermelhos (certamente sem pintura); concha peregrina de pérolas: a boca; pérolas: os dentes.
escarlata: de cor vermelha muito viva.
Animado cristal, viva escarlata: a pele do rosto e das faces — rosto branco, transparente (porque bem hidratado naturalmente), faces avermelhadas (com certeza, naturais).

Duas safiras sobre lisa prata: os olhos como safiras — pedras preciosas cuja cor varia do azul celeste ao azul escuro. Metáfora de "íris"; prata: coisa muito branca e brilhante que faz lembrar o aspecto daquele metal. Metáfora de "córnea".

Ouro encrespado sobre prata fina: o cabelo caindo na testa — ouro encrespado: cabelos louros e encaracolados; prata fina: a testa. Observe-se como o poeta joga com "lisa prata" e "prata fina", para exprimir a brancura da córnea e da testa.

obriga: prende por afeição, por amor.

livra: impede.

ingrata: que não corresponde ao amor de alguém.

Não livra o ser divina em ser ingrata: o fato de ser divina não impede que não corresponda ao amor de alguém.

Viu Fábio uma tarde transportado: Fábio viu, extasiado, uma tarde. Fábio: nome poético, que não designa necessariamente determinada pessoa. Em vários poemas da época é encontrado esse nome.

Bebendo admirações, e galhardias: (Fábio) impregnando-se de admirações e gentilezas.

levantou aras: ergueu altares, isto é, cultuou amorosamente.

igualmente: ao mesmo tempo.

muchacha gentil: moça graciosa, delicada.

cagaras: cagasses. Será que a palavra é mesmo "cagaras"? Não seria "cegaras"? Aí fica a dúvida. Em alguns manuscritos encontramos "casaras", "mataras", "me amaras".

◆ ◆ ◆

Obs: este soneto foi excluído por Topa (1999, p. 52) da obra de GM. Parece não ser do poeta.

23
Soneto

Lamenta ser perseguido e invejado pelos tolos, quando tem o apoio dos nobres

Que me quer o Brasil, que me persegue?
Que me querem pasguates, que me invejam?
Não veem, que os entendidos me cortejam,
E que os Nobres, é gente que me segue?

Com o seu ódio a canalha, que consegue?
Com sua inveja os néscios que motejam?
Se quando os néscios por meu mal mourejam,
Fazem os sábios, que a meu mal me entregue.

Isso posto, ignorantes, e canalha
Se ficam por canalha, e ignorantes
No rol das bestas a roerem palha.

E se os senhores nobres, e elegantes
Não querem que o soneto vá de valha,
Não vá, que tem terríveis consoantes.

∴

Que me quer o Brasil: o que o Brasil quer de mim.
pasguates: idiotas.
entendidos: sabedores, doutos.
néscios: tolos, idiotas.
motejam: zombam, gracejam.
Se quando os néscios por meu mal mourejam: se quando os tolos trabalham muito para o meu mal.
Fazem os sábios, que a meu mal me entregue: os sábios fazem com que eu me entregue a meu mal.

vá de valha: tenha valor. Soares Amora (1959, p. 55) registra "vá de valhas", onde "valhas" significa "compensações". Aqui teria havido apócope de "s". Assim, segundo Amora, a expressão significa que o soneto vai além desses "valhas", isto é, dessas compensações que o poeta tem. Para Topa (1999, p. 380), "ir de valha" significa "ser considerado bom".

24
Romance

Composição poética sem divisão em estrofes, surgida nas alturas do século XIV. Seus versos têm rima apenas na última vogal tônica, rima essa denominada *assoante* ou *toante*. (Cid*a*de/deverás/dar — por exemplo). Os versos podem ser: o pentassílabo ou *redondilha menor* (de 5 sílabas); o heptassílabo ou *redondilha maior* (de 7 sílabas); o *decassílabo* ou *heroico* (de 10 sílabas, com tônica na 6ª sílaba), mas não se misturam no mesmo poema. Neste caso, tem-se a *redondilha maior*. Pelo fato de o romance ser quase sempre um poema narrativo, a palavra passou a designar mais tarde qualquer obra literária de ficção.

O poeta, em viagem para o degredo em Angola, se despede da Bahia, mais uma vez apontando-lhe a corrupção e as relações sociais apodrecidas

Adeus praia, adeus Cidade,
e agora me deverás,
Velhaca, dar eu adeus,
a quem devo ao demo dar.
Que agora, que me devas
dar-te adeus, como quem cai,
sendo que estás tão caída,
que nem Deus te quererá.
Adeus Povo, adeus Bahia,
digo, Canalha infernal,
e não falo na nobreza
tábula, em que se não dá.
Porque o nobre enfim é nobre,

quem honra tem, honra dá,
pícaros dão picardias,
e inda lhes fica, que dar.
E tu, Cidade, és tão vil,
que o que em ti quiser campar,
não tem mais do que meter-se
a magano, e campará.
Seja ladrão descoberto
qual águia imperial,
tenha na unha o rapante,
e na vista o perspicaz.
A uns compre, a outros venda,
que eu lhe seguro o medrar,
seja velhaco notório,
e tramoeiro fatal.
Compre tudo, e pague nada,
deva aqui, deva acolá
perca o pejo, e a vergonha,
e se casar, case mal.
Com branca não, que é pobreza,
trate de se mascavar;
vendo-se já mascavado,
arrime-se a um bom solar.
Porfiar em ser fidalgo,
que com tanto se achará;
se tiver mulher formosa,
gabe-a por esses poiães.
De virtuosa talvez,
e de entendida outro tal,
introduza-se ao burlesco
nas casas, onde se achar.
Que há Donzela de belisco,
que aos punhos se gastará,
trate-lhes um galanteio,
e um frete, que é principal.
Arrime-se a um poderoso,
que lhe alimente o gargaz,
que há pagadores na terra,

tão duros como no mar.
A estes faça alguns mandados
a título de agradar,
e conserve-se o afetuoso,
confessando o desigual.
Intime-lhe a fidalguia,
que eu creio, que lhe crerá,
porque fique ela por ela,
quando lhe ouvir outro tal.
Vá visitar os amigos
no engenho de cada qual,
e comendo-os por um pé,
nunca tire o pé de lá.
Que os Brasileiros são bestas,
e estarão a trabalhar
toda a vida por manter
maganos de Portugal.
Como se vir homem rico,
tenha cuidado em guardar,
que aqui honram os mofinos,
e mofam dos liberais.
No Brasil a fidalguia
no bom sangue nunca está,
nem no bom procedimento,
pois logo em que pode estar?
Consiste em muito dinheiro,
e consiste em o guardar,
cada um o guarde bem,
para ter que gastar mal.
Consiste em dá-lo a maganos,
que o saibam lisonjear,
dizendo, que é descendente
da casa do vila Real.
Se guardar o seu dinheiro,
onde quiser, casará:
os sogros não querem homens,
querem caixas de guardar.
Não coma o Genro, nem vista

que esse é genro universal;
todos o querem por genro,
genro de todos será.
Oh assolada veja eu
Cidade tão suja, e tal,
avesso de todo o mundo,
só direita em se entortar.
Terra, que não parece
neste mapa universal
com outra, ou são ruins todas,
ou ela somente é má.

❖❖❖

Velhaca: traiçoeira, ordinária.
tábula, em que se não dá: tábula em que não se dá. (verso cujo sentido não conseguimos apreender).
pícaros: vadios.
inda: licença poética: ainda (síncope).
campar: sair-se bem.
magano: desonesto, malandro, sem escrúpulos.
Seja ladrão descoberto/qual águia imperial,/tenha na unha o rapante,/e na vista o perspicaz: comparação entre o ladrão que não se esconde e a águia imperial: ambos têm unhas em forma de garras (o primeiro, metaforicamente, para rapar/roubar; a segunda, literalmente, para agarrar a presa) e a vista aguçada, para enxergar o alvo do roubo e a presa, respectivamente.
medrar: aumentar a fortuna de.
tramoeiro: tramoieiro, que faz tramoias, espertezas.
pejo: acanhamento, timidez.
mascavar: amorenar.
solar: casarão.
Porfiar: empenhar-se em, insistir em.
fidalgo: indivíduo que tem título de nobreza; nobre.
gabe-a: elogie-a.
de entendida: por sabedora, douta.
outro tal ou outro que tal: semelhante ou igual a outro de que já se falou: no caso, "também" "talvez".
ao burlesco: de maneira cômica, ridícula.
Que há Donzela de belisco,/que aos punhos se gastará: esses versos admitem vários sentidos — de belisco: que comem pouco, que aceitam ser beliscadas, que excitam; gastar-se aos punhos: gastar (dinheiro) aos

punhados, gastar punhos (gastar roupa por gostar de vestir-se bem), gastar tudo o que se tem (com as donzelas), etc.

trate-lhes um galanteio,/e um frete: faça-lhes um elogio e (conceda-lhes) um flerte, um olhar interessado.

alimente o gargaz: sustente (WISNIK, 1976).

duros: firmes. O poeta parece jogar com "duro" — palavra de origem baiana: local arenoso e firme sob as águas do mar.

mandados: incumbências, tarefas.

Intime-lhe: denote-lhe.

porque fique ela por ela: para que fiquem elas por elas, isto é, uma coisa pela outra. A ideia é a seguinte: se uma pessoa passar por fidalgo diante de outra, não tem importância, pois esta também vai passar por fidalgo e dá tudo na mesma.

comendo-os por um pé: parece tratar-se de variante da expressão "comer pela mão", isto é, manter sob tutela, sob as vistas.

mofinos: avarentos, pão-duros.

mofam: zombam.

liberais: pródigos, generosos.

lisonjear: adular.

Não coma o Genro, nem vista/que esse é genro universal: o genro não coma, nem vista/porque esse é genro geral (de todos).

25
Soneto

A morte do padre jesuíta Antônio Vieira (1608-1697), figura importante na religião e na política de Portugal e do Brasil no século XVII. Seus Sermões estão publicados em 16 volumes

>Corpo a corpo à campanha embravecida,
>Braço a braço à batalha rigorosa
>Sai Vieira com sanha belicosa,
>de impaciente a morte sai vestida.
>Invistem-se cruéis, e na investida
>A morte se admirou menos lustrosa,
>Que Vieira com força portentosa
>Sua ira cruel prostrou vencida.
>Porém ele vendo então, que na empresa
>Deixava a morte à morte: e ninguém nega,
>Que seus foros perdia a natureza;
>E porque se exercite bruta, e cega
>Em devorar as vidas com fereza,
>A seu poder rendido a sua entrega.

•••

sanha belicosa: raiva guerreira.
de impaciente a morte sai vestida: a morte sai vestida com impaciência.
Invistem-se: confrontam-se.
lustrosa: brilhante, ilustre.
Que Vieira: pois Vieira.
portentosa: extraordinária.
Sua ira cruel prostrou vencida: Vieira derrubou e venceu a raiva cruel da morte.
empresa: empreendimento; no caso, a luta contra a morte.

Que seus foros perdia a natureza: que a natureza perdia seus direitos.
E porque: e para que.
fereza: ferocidade.
último terceto: há problemas que parecem inviabilizar uma compreensão adequada. Não está claro a que se liga o último verso.

◆ ◆ ◆

Este soneto não deve ser, com certeza, do poeta Gregório de Matos, que parece ter morrido um ano antes de Vieira. Topa (1999, p. 168-171) o exclui de sua obra.

Exercícios

Múltipla escolha

1. Todas as afirmativas se aplicam aos poemas que constam deste livro, exceto:

    a) Denúncia de venda das coisas sagradas pelos membros da Igreja.

    b) Crítica à mulher que não corresponde ao amor.

    c) Denúncia de lutas entre indígenas e negros.

    d) Crítica à exploração de Portugal em relação à Colônia.

2. Todos os versos foram retirados de sonetos religiosos, exceto:

    a) Perder na vossa ovelha a vossa glória.

    b) Nos disse as partes todas deste todo.

    c) Porque quanto mais tenho delinquido,

    d) Mas Fr. Tomás, usando de cautela,

3. Um dos elementos do barroco é o jogo do claro-escuro. O poema que o apresenta é:

    a) Nasce o Sol e não dura mais que um dia,

    b) A cada canto um grande conselheiro,

    c) Vês esse Sol de luzes coroado?

    d) Rubi, concha de perlas peregrina.

4. Um dos temas apreciados pelos poetas do barroco é o *carpe diem*, palavras do poeta latino Horácio para lembrar que a vida é curta e que é preciso aproveitá-la.

Um poema em que encontramos esse tema se abre com os versos:

a) Discreta e formosíssima Maria
   Enquanto estamos vendo claramente
b) Corpo a corpo, à campanha embravecida
   Braço a braço à batalha rigorosa
c) Carregado de mim ando no mundo
   E o grande peso embarga-me as passadas
d) Eu sou aquele que os passados anos
   Cantei na minha lira maldizente

5. Todas as afirmativas sobre o poema "Se pica-flor me chamais" são corretas, exceto:

   a) Disseminação e recolha de vocábulos.
   b) Ambiguidade causadora de efeitos eróticos.
   c) Oposição entre beleza e feiura.
   d) Preocupação com uma linguagem culta.

6. Todas as relações abaixo entre o poema e sua temática estão incorretas, exceto:

   a) Adeus, praia, adeus cidade — o poeta se despede, saudoso de sua cidade, por ela estar sendo invadida pelos holandeses.
   b) Há cousa como ver um Paiaiá — o poeta usa termos da língua indígena, saudoso, por ela estar sendo dominada pelo português.
   c) Neste mundo é mais rico, o que mais rapa — o poeta se lamenta pelo fato de os corruptos estarem ocupando postos no governo.
   d) Um calção de pindoba a meia zorra — o poeta zomba do fato de os nobres da Bahia serem descendentes de indígenas.

Questões abertas

7. A apropriação de textos é um processo muito usado pelo poeta. Escreva, sobre isso, um texto de 8 linhas, analisando as estrofes a seguir:

Atribuída a Francisco Rodrigues Lobo:
>Fermoso Tejo meu, quão diferente
>Te vejo e vi, me vês agora e viste:
>Turvo te vejo a ti, tu a mim triste
>Claro te vi eu já, tu a mim contente

Atribuída a Gregório de Matos:
>Triste Bahia! oh quão dessemelhante
>Estás, e estou do nosso antigo estado!
>Pobre te vejo a ti, tu a mim empenhado,
>Rica te vejo eu já, tu a mim abundante.

8. Discuta, em 10 linhas, a seguinte afirmativa de João Adolfo Hansen, pesquisador da obra gregoriana: "Gregório de Matos é um conjunto colonial de poemas que põe em circulação clichês e não subverte nem transgride a ordem".

9. A função metalinguística é uma das mais importantes marcas do estilo barroco. Comente-a nos versos a seguir, em 6 linhas:

>Para a tropa do trapo vazo a tripa,
>E mais não digo, porque a Musa topa
>Em apa, epa, ipa, opa, upa.

>E se os senhores nobres e elegantes
>Não querem que o soneto vá de valha
>Não vá que tem terríveis consoantes

10. Escreva um texto de 6 linhas sobre a caracterização da beleza feminina nos poemas.

Respostas:
1. c); 2. d); 3. a); 4. a); 5. c); 6. d).

Obras consultadas

De Gregório de Matos

MATOS, Gregório de. *Gregório de Matos*. Antônio Dimas (Org.). São Paulo: Abril Educação, 1981. (Antologia).

_____. Gregório de Matos. Antônio Soares Amora (Org.). In: *Pada poesia brasileira*. São Paulo: Civilização Brasileira, 1959. v. 1. p. 17-55.

_____. Gregório de Mattos Guerra. Francisco Adolfo de Varnhagen (Org.). In: Academia Brasileira de Letras. *Florilégio da poesia brasileira*, v. 1. Rio de Janeiro: Academia Brasileira de Letras, 1946. p. 69-154.

_____. *Obras completas*. James Amado (Org.). Cidade da Bahia: Ed. Janaína, 1969. 7 v. (a 2ª ed. é da Record, 1995. 2 v.).

_____. *Obras completas*. São Paulo: Cultura, 1943. 2 v.

_____. *Obras de Gregório de Matos*. Prefácio de Afrânio Peixoto. Rio de Janeiro: Álvaro Pinto, 1923. (Lírica. v. 2).

_____. *Poemas escolhidos*. José Miguel Wisnik (Org.). São Paulo: Cultrix, 1976.

_____. *Poesias selecionadas*. São Paulo: FTD, 1993.

_____. *Sátira*. Ângela Maria Dias (Org.). Rio de Janeiro: Agir, 1985. (Antologia).

Sobre Gregório de Matos

BOSI, Alfredo. Do antigo estado à máquina mercante. In: *Dialética da colonização*. São Paulo: Companhia das Letras, 1992. p. 94-118.

CAMPOS, Haroldo de. *O sequestro do barroco na formação da literatura brasileira:* o caso Gregório de Mattos. Salvador: Fundação Casa de Jorge Amado, 1989.

COSTIGAN, Lúcia Helena. *A sátira e o intelectual criollo na Colônia:* Gregório de Matos e Juan del Valle y Caviedes. Lima-Pittsburgh: Latinoamericana, 1991.

DIAS, Ângela Maria. *O resgate da dissonância:* sátira e projeto literário brasileiro. Rio de Janeiro: Antares, [s.d.].

FOLHA DE S. PAULO: MAIS! (edição que comemora os 300 anos de morte do poeta) São Paulo, 20 out. 1996. Artigos/ensaios de: Nelson Ascher, Fernando da Rocha Peres, Haroldo de Campos, João Adolfo Hansen, Antonio Risério, Otávio Dias, Ana Miranda e James Amado. p. 4-8.

GOMES, João Carlos Teixeira. *Gregório de Matos, o Boca de Brasa.* Petrópolis: Vozes, 1985.

HANSEN, João Adolfo. *A sátira e o engenho:* Gregório de Matos e a Bahia do século XVII. São Paulo: Companhia das Letras; Secretaria de Estado da Cultura, 1995.

JÚLIO, Sílvio. *Penhascos.* Rio de Janeiro: Galvino Filho, 1933.

JÚLIO, Sílvio. *Reações na literatura brasileira.* Rio de Janeiro: H. Antunes, 1938.

KOTHE, Flávio R. Gregório de Matos. In: *O cânone colonial.* Brasília: UnB, 1997. p. 319-344.

MOREIRA, Marcello. *Critica textualis in caelum revocata?* São Paulo: EDUSP, 2011.

PERES, Fernando da Rocha. *A família Mattos na Bahia do século XVII.* Salvador: Universidade Federal da Bahia, Centro de Estudos Baianos, 1988.

PERES, Fernando da Rocha. *Gregório de Mattos e a Inquisição.* Salvador: Universidade Federal da Bahia, Centro de Estudos Baianos, 1987.

PERES, Fernando da Rocha. *Gregório de Mattos e Guerra:* uma re--visão biográfica. Salvador: Macunaíma, 1983.

RIBEIRO, João. Bagatelas literárias. In: *O fabordão.* 2. ed. Rio de Janeiro: São José, 1964. p. 60-62.

RIBEIRO, João. Paralelismos literários. In: *O fabordão.* 2. ed. Rio de Janeiro: São José, 1964. p. 299-327.

SALES, Fritz Teixeira de. *Poesia e protesto em Gregório de Matos*. Belo Horizonte: Interlivros, 1975.

TOPA, Francisco. *Gregório de Matos*. 2 v, 4t. Porto: Editora do Autor, 1999.

Geral

ABDALLA JÚNIOR, Benjamin, PASCHOALIN, Maria Aparecida. *História social da literatura portuguesa*. São Paulo: Ática, 1982.

AULETE, Caldas. *Dicionário contemporâneo da língua portuguesa*. Rio de Janeiro: Delta, 1958. 5 v.

BANDEIRA, Manuel. A versificação em língua portuguesa. In: *Enciclopédia Delta-Larrousse*. Rio de Janeiro: Delta, [s.d.]. [Separata].

DÍAZ-PLAJA, Guillermo. *Historia de la literatura española*. Buenos Aires: Ciordia & Rodríguez, 1953.

CAMPOS, Geir. *Pequeno dicionário de arte poética*. Rio de Janeiro: Ouro, 1965.

CAMÕES, Luís Vaz de. *Obras completas*. 2. ed. Lisboa: Sá da Costa, 1954. v. 1.

FERNANDES, Francisco. *Dicionário de verbos e regimes*. Porto Alegre: Globo, 1959.

FERREIRA, Aurélio Buarque de Holanda. *Novo dicionário da língua portuguesa*. 2. ed. Rio de Janeiro: Nova Fronteira, 1986.

GAYA, Samuel Gili. *Diccionario general ilustrado de la lengua española*. Barcelona: Spes, 1953.

LA SAINTE BIBLE. Bruges: Desclée de Brouwer, 1957.

LAMAS, Maria. *O mundo dos deuses e dos heróis:* mitologia geral. Lisboa: Estampa, 1959. 2 v.

NASCENTES, Antenor. *Tesouro da fraseologia brasileira*. Rio de Janeiro; São Paulo: Freitas Bastos, 1945.

VERÍSSIMO, José. *História da literatura brasileira*. 3. ed. Rio de Janeiro: J. Olympio, 1954.

Este livro foi composto com tipografia Minion Pro e
impresso em papel Off-White 70 g/m² na Formato Artes Gráficas.